《世界政治研究》
WORLD POLITICS STUDIES

学术顾问 时殷弘　杨光斌　黄嘉树　陈　岳　宋新宁
　　　　　黄大慧　周淑真　蒲国良　陈新明　王续添

主　　编 田　野

副 主 编 尹继武　韩冬临　李　巍

编辑委员会(按姓氏汉语拼音排序)

包刚升(复旦大学)	保建云(中国人民大学)
陈定定(暨南大学)	戴长征(对外经济贸易大学)
方长平(中国人民大学)	何俊志(中山大学)
黄　平(中国社会科学院)	黄琪轩(上海交通大学)
蒋俊彦(香港中文大学)	金灿荣(中国人民大学)
刘　丰(南开大学)	卢春龙(中国政法大学)
马得勇(中国人民大学)	曲　博(外交学院)
宋　伟(中国人民大学)	苏长和(复旦大学)
孙　龙(中国人民大学)	王缉思(北京大学)
王逸舟(北京大学)	王英津(中国人民大学)
王正绪(复旦大学)	王正毅(北京大学)
谢　韬(北京外国语大学)	阎学通(清华大学)
袁正清(中国社会科学院)	张顺洪(中国社会科学院)
张宇燕(中国社会科学院)	赵鼎新(浙江大学)
赵可金(清华大学)	钟飞腾(中国社会科学院)
周　强(北京大学)	

编 辑 部 田　野　尹继武　韩冬临　李　巍　段占元
　　　　　左希迎　金晓文

图书在版编目（CIP）数据

世界政治研究.2020年.第三辑：总第七辑／中国人民大学国际关系学院
主办.—北京：中国社会科学出版社，2020.7
ISBN 978 - 7 - 5203 - 6812 - 4

Ⅰ.①世…　Ⅱ.①中…　Ⅲ.①国际政治—研究　Ⅳ.①D5

中国版本图书馆 CIP 数据核字（2020）第 119817 号

出 版 人	赵剑英
责任编辑	王　茵　白天舒
责任校对	冯英爽
责任印制	王　超

出　　版	中国社会科学出版社
社　　址	北京鼓楼西大街甲 158 号
邮　　编	100720
网　　址	http://www.csspw.cn
发 行 部	010 - 84083685
门 市 部	010 - 84029450
经　　销	新华书店及其他书店

印　　刷	北京明恒达印务有限公司
装　　订	廊坊市广阳区广增装订厂
版　　次	2020 年 7 月第 1 版
印　　次	2020 年 7 月第 1 次印刷

开　　本	787×1092　1/16
印　　张	9.5
字　　数	188 千字
定　　价	58.00 元

世界政治研究

2020 年第三辑（总第七辑）　　7 月 20 日出版

非洲的分离主义运动何以能成功？

——对厄立特里亚和南苏丹的比较分析[*]

闫　健[**]

【内容提要】　以厄立特里亚和南苏丹为案例，本文探讨了后殖民时期非洲分离主义运动获得成功的原因所在。以往研究大都关注导致分离主义运动成功背后的"要素组合"，与此不同，本文的切入点是分析阻碍非洲分离主义运动取得成功的"遏制性要素"。具体而言，在去殖民化运动后的非洲，分离主义运动面临着组织化、军事斗争与外部关系三个层面的"遏制性因素"。换言之，后殖民时期非洲的分离主义运动同时面临着组织化、军事斗争与外部孤立三个层面的障碍——要取得成功，它们就必须克服这三个层面的"遏制性因素"。相对于非洲其他分离主义运动，厄立特里亚和南苏丹之所以能最终赢得主权地位，正是源于它们在克服这三个维度"遏制性因素"上的相对成功。

【关键词】　厄立特里亚人民解放阵线　苏丹人民解放运动　遏制性因素　组织化　军事斗争　外部孤立

现今非洲的国际秩序发轫于第二次世界大战之后的去殖民化运动。在非洲的场景下，去殖民化运动最为显著的结果就是主权国家在非洲的确立，而后者构成

　*　感谢《世界政治研究》匿名审稿专家的宝贵意见，笔者文责自负。
　**　闫健，《经济社会体制比较》副主编、研究员。

了现今非洲国际秩序的基石。一方面，自去殖民化运动以来，以主权国家为基石的国际秩序在非洲遭遇了诸多挑战，尤其是冷战结束之后，一些非洲国家经历了惨痛的内战与暴力冲突。根据乌普萨拉"冲突数据"项目（Uppsala Conflict Data Program）的统计，仅 1989—2010 年，非洲大陆共发生了 11000 多次涉及国家的冲突事件，造成大量人员伤亡。[①] 其中，民主刚果在世纪之交的两次内战又被称为"非洲的世界大战"，共造成约 540 万人死亡。[②] 非洲也因此成为冷战后世界上最不稳定的地区之一。[③]

另一方面，主权国家体系在非洲却展现出了惊人的韧性。自去殖民化运动以来，尽管新生的非洲国家经历了无数的政治动荡、族群冲突甚至内战，但以主权国家为基石的国际秩序在非洲大体上延续了下来。换言之，今日非洲的主权国家版图与半个世纪之前相比并未发生太大变化。考虑到非洲各国族群与文化的多样性、政治经济基础的羸弱以及殖民宗主国不考虑族群文化因素而人为划定的国家边界，分离主义运动以及由此而来的国家分裂原本应是战后非洲各国更有可能出现的局面。然而，非洲大陆的现实发展却并非如此。

在去殖民化运动后，非洲国家面临的现实分离主义威胁远比理论上的预测更少。根据英格拉波特（Pierre Englebert）和汉墨（Rebecca Hummel）的统计，截至 2005 年，撒哈拉以南 48 个非洲国家中，只有 10 个国家经历了分离主义导致的暴力冲突，而且很多冲突持续时间较短，规模也有限。同期，有 30 个非洲国家至少经历了一次与分离主义无关的暴力冲突，而且很多持续时间久、破坏性大。换言之，非洲国家发生的暴力冲突大多数并不包含分离主义内容。相比之下，自 1960 年之后，中东和北非各国有 44% 的国内暴力冲突与分离主义有关，亚洲国家是 47%，欧洲国家是 84%，而撒哈拉以南非洲只有 27%。[④]

更为重要的是，后殖民时期的非洲大陆不仅分离主义运动的数量较少，而且

[①] Ralph Sundberg and Erik Melander, "Introducing the UCDP Georeferenced Event Dataset," *Journal of Peace Research*, vol. 50, no. 4, 2013, pp. 523 – 532.

[②] Simon Robinson, "The Deadliest War in the World," *Time Magazine*, May 28, 2006.

[③] 需要指出的是，进入 21 世纪之后，非洲大陆的冲突烈度呈下降趋势。根据 Burbach 和 Fettweis 的统计，在 20 世纪 80 年代，非洲大陆平均每天有 32 人死于战争，在 20 世纪 90 年代上升到 45 人，到 2013 年则下降到 8 人。见 David T. Burbach and Christopher J. Fettweis, "The Coming Stability? The Decline of Warfare in Africa and Implications for International Security," *Contemporary Security Policy*, vol. 35, no. 3, 2014, pp. 421 – 445。

[④] Pierre Englebert and Rebecca Hummel, "Let's Stick Together: Understanding Africa's Secessionist Deficit," *African Affairs*, vol. 104, no. 416, 2005, pp. 399 – 427.

分离主义运动最终取得成功的案例更少。根据是否同时赢得对内主权(即是否拥有实际治理权)与对外主权(即是否获得广泛国际承认)两个标准,迄今为止,非洲大陆只有厄立特里亚和南苏丹的分离主义运动最终取得了成功。其他的分离主义运动,要么没能获得对内主权(比如西撒哈拉人民解放阵线,它得到了70多个国家的承认并成为非盟的成员国,但其声索国土的绝大部分被摩洛哥控制),要么没能获得对外主权(比如1991年之后的索马里全国运动,后者实现了对索马里兰的有效治理,但迄今为止并未得到任何国际承认),要么是对内主权与对外主权均未实现(比如,安哥拉的卡宾达地区、塞内加尔的卡萨芒斯以及马里北部图阿雷格人的分离主义运动等)。

为何厄立特里亚和南苏丹能够在非洲的分离主义运动中脱颖而出,最终赢得主权国家地位?与非洲其他分离主义运动相比,它们究竟"做对了什么"?通过对厄立特里亚和南苏丹分离主义运动的历史比较,本文致力于对上述问题予以初步回答。为了增强分析的说服力,本文也将对厄立特里亚和南苏丹与非洲分离主义失败案例进行比较。但需要指出的是,这种比较分析仅仅是初步的,对于非洲分离主义成功与失败案例的系统分析将大大超出本文的范围。作为一项初步的研究,本文将聚焦于对厄立特里亚与南苏丹分离主义运动的比较分析,探讨这些相同或相异因素如何对分离主义运动的最终命运造成影响。本文的分析有助于加深对非洲分离主义运动背后若干机理的理解,但它显然不能替代系统性的解释,后者将是研究者下一步的研究任务。

本文的结构安排如下。通过对国际学术界已有研究的梳理,第一部分将确定本文相关讨论的学术与历史场景。在此基础上,第二部分将提出一个"组织化—军事斗争—外部关系"的三维分析框架。具体而言,后殖民时期非洲的分离主义运动同时面临着组织化、军事斗争与外部关系三个层面的障碍——要取得成功,它们就必须要打破这些障碍,缺一不可。通过应用第二部分的三维分析框架,本文的第三部分将对厄立特里亚和南苏丹分离主义运动的历史进程进行分析,比较它们在打破这些障碍方面的异同,进而讨论其对理解非洲分离主义运动背后一般机理的启示。最后的第四部分是全文的总结与进一步的研究方向。

一 分离主义与非洲:文献回顾

在国际学术界,分离主义(secessionism)或分离(secession)是一个有争议的概念。① 借用克劳福德的定义,本文将分离主义界定为,在没有原有主权国家(母国)同意的情况下通过强制力或威胁使用强制力创立一个国家的行为。② 如前所述,主权国家是战后国际秩序的基石。由于分离主义给原有主权国家的存在带来了直接的挑战,因而它也被认为会对战后国际秩序造成冲击。这也是为何分离主义一直是国际学术界关注话题的原因所在。

国际学术界有关分离主义的研究大体上围绕两个问题展开。第一个问题是关于分离主义的合法性争论,相关研究主要集中在国际法领域。大多数学者都承认,围绕分离主义合法性争论的根源在于国际法本身内容的模糊与自相矛盾。具体而言,分离主义主要涉及民族自决原则与国家领土完整原则,而这二者在某种程度上相互矛盾且均能从战后国际法体系中获得合法性。因而,如何在这两大原则之间进行取舍,便成为学者们在分离主义问题上态度分歧的根源所在。例如,威尔曼从民族自决原则出发为分离权辩护,认为主权国家的分裂应当被允许,前提是只要分裂不影响国家功能的实现。③ 与之相对,从分离主义运动事实上会破坏主权国家领土完整原则出发,克劳福德认为民族自决权并非一项绝对原则,只有在母国同意的情况下,分离的结果才能获得合法性。④ 虽然现有的国际法体系同时将民族自决原则与国家领土完整原则合法化,但在战后国际体系的实际运转中,国家领土完整原则压倒民族自决原则却是不争的事实。因此,越来越多的学者采纳了克劳福德的思路,试图对民族自决原则予以一定程度的限定,以调和其与领土完整原则之间的冲突并使其更接近国际体系的现实。这方面的一个进展就是学者们提出了所谓的"分离的正当理由理论"(Just Cause Theory of Secession),即只有当母国大规模违反一个分离地区民众的人权时,该地民众才享有分离的正当权利。该理论认为,分离并不是规范意义上的绝对权利,而只是针对母国大规模违反人权行径的最后"补救手段"。例如,克鲁特认为,只有当满足下列三个条件时,单方面的分离主义诉求才是正当的:第一,分离主义地区的民

---

① 关于分离概念的学术争论,参见周光俊:《分离运动的政治学——亚齐、魁北克、南苏丹和瑞士的比较分析》,复旦大学国际关系与公共事务学院,博士学位论文,2018年。

② James Crawford, *The Creation of States in International Law*, Oxford: Oxford University Press, 1979, p. 247.

③ Christopher Wellman, *A Theory of Secession: The Case for Political Self-determination*, Cambridge: Cambridge University Press, 2005.

④ James Crawford, *The Creation of States in International Law*, 1979.

众构成了一个民族；第二，他们的人权遭到了母国政府严重侵犯；第三，母国政府拒绝该地区民众自由行使自治权，而后者也没有其他任何补救措施。[①]

已有研究聚焦的第二个问题是分离主义出现的原因。学者们关于分离主义合法性的争论大体上属于规范层面的"应然"研究，而对分离主义原因的探讨则将把导致分离主义的诸多"实然"因素带到研究者的视野之内。在国际学术界，关于分离主义原因的研究可谓汗牛充栋，学者们对导致分离主义的因素的讨论也是五花八门。概而言之，这些因素可以归为以下三大类。

第一类是影响国家构建的一些"先天因素"，包括国家出现的时间长短、地理状况、疆域与人口规模大小、文化异质性程度等。例如，有学者指出，一个国家越是年轻，它就越可能经历国家构建和民族融合的阵痛，因而也就越有可能面临分离主义的风险。[②] 国家的地理状况是学者们关注的另一个因素。如果一国由两个或多个相对独立的地理区域组成，那么，其很有可能面临较高的分离主义风险。[③] 例如，卡宾达和卡萨芒斯的分离主义运动在很大程度上与它们各自与安哥拉和塞内加尔相对隔离的地理状况联系在一起。此外，文化主义论者强调一国文化异质性对分离主义的潜在影响。如果一国文化异质性越高，则其面临的分离主义风险也就越大。[④]

第二类是经济与物质性因素，包括人均收入分配与自然资源禀赋等。在收入分配对分离主义的影响方面，研究者们尚未有定论。一些研究者认为，一个地区人均收入越低（相对于全国其他地区），则其便越有可能提出分离主义要求。[⑤] 而另一些研究者则指出，一个地区越是（相对于全国其他地区）富裕，则分离主义情绪便越强烈。[⑥] 这两种观点均有现实中的例子做支撑，前者的代表是孟加拉国，后者是加丹加。尽管人均收入分配与分离主义之间的联系尚未有定论，但

---

① Aaron Kreuter, "Self-Determination, Sovereignty, and the Failure of States," *Minnesota Journal of International Law*, vol. 19, no. 2, 2011, p. 370.

② James Fearon and David Laitin, "Ethnicity, Insurgency and Civil War," *American Political Science Review*, vol. 97, no. 1, 2003, p. 84.

③ Pierre Englebert & Rebecca Hummel, "Let's Stick Together: Understanding Africa's Secessionist Deficit," p. 408.

④ Donald Horowitz, *Ethnic Groups in Conflict*, Berkeley: University of California Press, 1985.

⑤ Michael Hechter, "The Dynamics of Secession," *Acta Sociologica* 35, 1992, p. 275.

⑥ Henry Hale, "The Parade of Sovereignties: Testing Theories of Secession in the Soviet Setting," *British Journal of Political Science*, vol. 30, iss. 1, 2000, p. 33.

一些研究者仍旧相信,过低的人均收入与缓慢的经济增长率是导致分离主义运动的"危险因素",因为它们恶化了不同群体间的怨恨并降低了发动分离主义战争的机会成本。[①] 自然资源禀赋与分离主义冲突之间的关系较为复杂。罗斯将自然资源分为两类:一类是需要外国投资才能开发的自然资源(比如石油),另一类是不需要外国投资便可开发的资源(比如钻石)。前者可能会增加分离主义的风险,因为所在地区只有被承认为一个主权国家后才能吸引外国投资进行资源开采;而后者则不会带来直接的分离主义风险,因为当地人或许更倾向于支持本地的军阀而获取资源收益。[②] 在一项相关但并不直接讨论分离主义的研究中,熊易寒与唐世平证明了石油的族群地理分布是决定石油是否导致或加剧族群冲突的核心变量。[③]

第三类是政治制度方面的因素。例如,有的学者认为,政治转型常常会暂时削弱一国中央政府,进而为分离主义运动的兴起提供机会。[④] 如果一个政治体系更容易产生政治暴力,那么,它倾向于引发分离主义倾向。[⑤] 周光俊将分离危机的产生看作国内政治危机的缩影和后果,当分离族群与主体族群之间在权力获取、利益共享与权利机会三个维度同时存在矛盾,或者任意一项或两项存在矛盾,且难以在现有政治框架内解决时,如果少数族群能够有效地组织起分离活动家领导的族群政党(政党、准政党、类政党)并能够持续地获取资源和凝聚族群,则分离主义运动就会发生。[⑥]

除了强调上述结构性因素外,另有一些学者还将行为体层面的因素也纳入对分离主义原因的分析中来。例如,科利尔等人发现,一个地区受初中教育的男性的比重越小,则战争就越有可能是分离主义性质的。[⑦] 巴克斯认为,分离主义者对在母国中可以获得的好处与成本以及分离能够带来的好处与成本的判断,最终

---

① Paul Collier and Anke Hoeffler, "The Political Economy of Secession," World Bank Development Research Group, 2002, p. 5.

② Michael Ross, "Natural Resource and Civil War: An Overview," *World Bank Research Observer*, 2003.

③ 熊易寒、唐世平:《石油的族群地理分布与族群冲突升级》,《世界经济与政治》2015 年第 10 期。

④ David Laitin, "Secessionist Rebellion in the Former Soviet Union," *Comparative Political Studies*, vol. 34, no. 8, 2001, pp. 839 – 861.

⑤ Donald Horowitz, *Ethnic Groups in Conflict*, Berkeley: University of California Press, 1985.

⑥ 周光俊:《分离运动的政治学——亚齐、魁北克、南苏丹和瑞士的比较分析》。

⑦ Paul Collier and Anke Hoeffler, "The Political Economy of Secession," World Bank Development Research Group, 2002, p. 14.

决定了分离主义运动是否会产生。[①]

与非洲大陆分离主义运动较少的事实相一致，国际学术界对于非洲分离主义的研究也相对较少。已有的研究大多数聚焦于非洲的特定案例，比如厄立特里亚、南苏丹、索马里兰、比夫拉、加丹加等，相关的比较研究较为缺乏。在这方面，英格拉波特和汉墨的研究或许是个例外。他们发现，尽管导致分离主义的各种因素在非洲都存在，但非洲实际发生的分离主义运动并不多。如是，则背后的原因究竟是什么？通过对非洲已有分离主义运动的比较研究，他们认为，非洲羸弱的主权国家（相比分离主义运动）能够为地方精英带来更大的好处，这诱使他们致力于竞争国家制度渠道所能带来的好处，而不是寻求风险更大而收益更不确定的分离主义目标。[②]

总体而言，对于分离主义的已有研究主要聚焦于"分离主义是否应当"和"分离主义为何发生"这两大问题，而对"分离主义运动为何成功"的讨论较为欠缺。对于后一问题为数不多的研究，大多停留在对诸多不同要素的排列组合上。例如，克日什托夫总结了决定非洲分离主义运动结果的七大因素。[③] 同样，通过利用质性比较分析法对 15 个分离主义案例进行分析，郝诗楠和高奇琦得出结论认为存在两种导致分离主义成功的要素组合。[④] 但是，此类研究大都面临案例选择偏误与变量失准的问题。例如，郝诗楠和高奇琦的研究并未将非洲的负面案例纳入其中，而其提出的五个自变量也无法涵盖分离主义运动成败背后的多样原因（例如，索马里兰尚未取得真正独立地位的直接和唯一原因仅仅是未能获得国际承认[⑤]）。这也是为何较为深入的案例比较分析对于探讨"分离主义运动

[①] Viva Barkus, *The Dynamic of Secession*, Cambridge：Cambridge University Press, 2004.

[②] Pierre Englebert and Rebecca Hummel, "Let's Stick Together：Understanding Africa's Secessionist Deficit," p. 400.

[③] 这七大因素包括：强国的利益、中央政府对待分离主义运动的态度、分离主义运动和中央政府之间的军事平衡、分离地区的战略重要性、分离主义运动或中央政府分别得到的外部支持、对分离主义的国际承认（尤其是联合国）以及分离主义地区对于母国的经济重要性。参见：Krzysztof Trzcinski, "The Significance of Geographic Location for the Success of Territorial Secession：African Example," *Miscellanea Geographica*, vol. 11, 2004, p. 209。

[④] 这两种要素组合分别是：（1）"非民主政体" + "经济不发达" + "外部干预" + "国家统一时间短"；（2）"非民主政体" + "经济不发达" + "外部干预" + "分离主义组织的暴力化"。详见郝诗楠、高奇琦：《分离主义的成与败：一项基于质性比较分析的研究》，《世界经济与政治》2016 年第 6 期。

[⑤] 以索马里兰为代表的"未被承认国家"（unrecognized states）已成为分离主义的相关研究无法回避的客观现象。参见：Nina Caspersen, *Unrecognized States：The Struggle for Sovereignty in the Modern International System*, Cambridge：Polity Press, 2012。

成功原因"十分必要。此外，如前所述，国际学术界对于非洲分离主义的已有研究大多数聚焦于特定案例，缺乏较为深入的比较研究，尤其缺乏对于厄立特里亚和南苏丹这两个成功案例的比较研究。例如，在新近出版的一本关于非洲分离主义的研究论文集中，有三章和一章篇幅分别讨论南苏丹和厄立特里亚的分离主义运动，但全书却没有专门章节对南苏丹与厄立特里亚的分离主义运动进行比较。[1] 这正是本文余下篇幅的主要目标。

二 组织化—军事斗争—外部关系：一个理解
非洲分离主义运动的分析框架

通过对厄立特里亚和南苏丹分离主义运动的历史进程进行比较，本文致力于解释后殖民时期非洲的分离主义运动何以能获得成功。如前所述，已有研究倾向于关注"哪些要素组合导致了非洲分离主义的成功"，与此不同，本文的切入点是"哪些因素遏制了非洲分离主义的成功"。去殖民化运动之后，非洲大陆绝大多数分离主义运动都失败了，仅厄立特里亚和南苏丹是例外，这一事实从一个侧面说明了这些"遏制性因素"对分离主义的强大抑制作用。同时，为了克服这些"遏制性因素"，厄立特里亚和南苏丹均付出了惨痛代价。厄立特里亚的分离主义战争持续了近 30 年时间，战争导致 6.5 万名战士阵亡，10 万人伤残，4 万平民死亡，9 万儿童永远失去了父母；[2] 南苏丹先后经历了与苏丹的两次内战才赢得独立，持续时间合计超过 40 年。其中第一次内战造成 50 万人死亡，而第二次内战的死亡人数超过 200 万，难民更是不计其数。[3] 通过将这些"遏制性因素"筛选出来，我们便可真正理解厄立特里亚与南苏丹相对于非洲其他分离主义运动的特殊性，进而深入分析其成功背后的原因所在。

在《非洲的游击队》一书中，克拉彭（Christopher Clapham）认为非洲的分离主义组织与其他类型的叛乱组织一样面临着一些共同的突出问题，包括组织的

---

① Redie Bereketeab ed. , *Self-Determination and Secession in Africa：The Post-Colonial State*, New York：Routledge, 2015.

② David Pool, *From Guerrillas to Government：the Eritrean People's Liberation Front*, Oxford：James Currey, 2001, p. 157.

③ Matthew Arnold, *South Sudan：From Revolution to Independence*, New York：Columbia University Press, 2012, p. 2.

内部结构（领导层、意识形态和组织形式）、组织与民众之间的关系以及组织与国际体系的关系。[1] 以克拉彭的分析框架为基础，本文提出了一个"组织化—军事斗争—外部关系"的三维分析框架。具体而言，非洲的分离主义运动面临着组织化、军事斗争和外部关系三个维度的遏制性因素——分离主义运动要取得成功，就必须克服这三个维度上的障碍。与克拉彭的分析框架相比，本文的三维框架有两个不同之处：一是以"组织化"维度统合"组织的内部结构"与"组织与民众的关系"，并将"确立领导权"（组织内部结构的主要功能）与"社会动员"（组织与民众关系的主要功能）作为实现"组织化"目标的两大任务；二是将"军事斗争"作为一项重要维度凸显出来。克拉彭在其分析框架中并未纳入军事斗争因素，主要原因在于他关注的是"反抗非洲国家的反叛行动"，而《非洲的游击队》一书各个章节的案例也都是非洲有代表性的反叛组织，其暴力性与军事色彩不言自明，无须特别强调。相比之下，本文的关注对象是非洲的分离主义运动，后者既可以采取暴力手段，也可以采取和平方式（比如桑给巴尔、南喀麦隆以及赞比亚的巴罗策兰），而在非洲的场景下，缺乏军事斗争能力的分离主义组织没有任何成功的可能性。正因如此，在非洲，那些以和平方式推进分离主义目标的组织，其分离主义目标本身的真实性就为人所怀疑，甚至被称为"表演性或摆姿态的分离主义"（Secessionism as Performance and Posturing）。[2] 因而，军事斗争能力不仅是非洲分离主义运动能否取得成功的关键，也是其分离主义目标是否会被母国以及国际社会"认真对待"的重要指标。此外，本文的三维分析框架也与后殖民时期非洲分离主义运动的实际状况相契合。迪亚兹等人（Alexandra Dias and Sara Dorman）对厄立特里亚的研究发现，"厄立特里亚人民解放阵线"（EPLF）同时面临着三个层面的斗争任务：与埃塞俄比亚（以下简称埃塞）的军事冲突、争取内部普通人的理解与支持以及获取国际合法性与承认。[3] 正如本文接下来的分析，这三大斗争任务同样遏制了南苏丹的分离主义运动。

在去殖民化运动后的非洲，分离主义运动面临的第一个遏制性因素就是组织

---

[1] Christopher Clapham ed. , *African Guerrillas*, Oxford：James Currey, 1998, p. 9.

[2] Lotje De Vries et al. ed. , *Secessions in African Politics：Aspiration, Grievance, Performance, Disenchantment*, London：Palgrave Macmillan, 2019, p. 14.

[3] Alexandra Dias and Sara Dorman, " 'We Didn't Fight for This'：The Pitfalls of State-and Nation-Building in Eritrea," in Lotje De Vries et al. eds. , *Secessions in African Politics：Aspiration, Grievance, Performance, Disenchantment*, London：Palgrave Macmillan, 2019, p. 404.

化障碍。众所周知,非洲大陆有着极强的社会与文化多样性,这与非洲大陆历史上缺乏有效组织这一史实密切联系在一起。受米格代尔"社会中国家"理论的启发,本文将"组织化"界定为在特定社会推行一致性规则的能力。[1] 在前殖民时期的非洲,无论是"无国家社会",还是"酋长的社会",均是组织化程度很低的社会形态,"这在很大程度上是由于非洲本土社会缺乏对权力集中的强烈需求,而后者又与流动农业下土地资源的相对丰富、土地权利的模糊化以及阶级分化不明显直接相关"。[2] 殖民主义为非洲大陆带来了基于暴力之上的统治机器,但其对非洲社会的渗透是极为有限的,殖民国家从未能实现对殖民地社会的有效整合。因而,去殖民化运动后,较低的组织化程度仍旧是众多新生非洲国家所面临的重大挑战。在去殖民化运动后的非洲,分离主义运动代表着分离主义社群与母国社会之间的全面对抗,而赢得这场对抗的首要条件就是实现对分离主义社群的有效组织。同时,无论是分离主义社群还是母国社会均受较低的组织化程度的困扰,但其对前者的影响普遍要更大,这是因为母国社会可以利用殖民国家遗留下来的统治机器并享有去殖民化运动带来的合法性,因而其在克服低组织化问题方面享有"先天优势"。对于分离主义社群而言,克服组织化障碍至少意味着相互关联的两大任务:一是形成有凝聚力和行动力的领导组织,以实现对分离主义运动的领导;二是通过领导组织,实现对所在社会的有效动员。从去殖民化运动后非洲分离主义运动的实践看,这两大任务的实现并非易事。

非洲分离主义运动面临的第二个遏制性因素是军事斗争。郝诗楠和高奇琦的研究认为,分离主义组织采取暴力或非暴力策略对于分离运动的最终结果并不重要。[3] 但是,至少在后殖民时期的非洲场景下,军事斗争却是分离运动取得成功的前提条件。这一状况至少与以下两方面因素相关:首先,后殖民时期的非洲国家存在一些先天脆弱性(比如族群与文化多样性、殖民者随意划定的国家边界以及国家传统羸弱等),这使得它们对于分离主义运动的耐受力很弱,因为任一分离主义运动的发生都可能带来国家其他地区的连锁反应,导致国家的解体。因而,它们倾

---

① Joel Migdal, *State in Society: Studying How States and Societies Transform and Constitute One Another*, Cambridge: Cambridge University Press, 2001.

② 闫健:《本土社会与外来国家:非洲国家构建的社会逻辑》,《马克思主义与现实》2017 年第 4 期。

③ 郝诗楠、高奇琦:《分离主义的成与败:一项基于质性比较分析的研究》,《世界经济与政治》2016 年第 6 期。

向于使用军事手段压制任何分离主义诉求。例如，在后殖民时期最早出现的两个分离主义案例中（加丹加和比夫拉），刚果（金）和尼日利亚政府最终都是通过军事手段"解决问题"。其次，后殖民时期的非洲分离主义者难以通过和平手段实现诉求，这既与各国不成熟的政治制度相关，也与各国政府倾向于通过军事手段解决问题联系在一起。事实上，后殖民时期的非洲也出现了一些和平性的分离主义运动，比如坦桑尼亚的桑给巴尔、刚果（金）的巴刚果以及喀麦隆南部地区，但无一例外都被当局压制。这也使得军事斗争成为非洲分离主义运动的最后出路。之所以说军事斗争为一大"遏制性因素"，是由于它对于非洲分离主义运动而言是一个代价高昂的选择。母国政府在军事力量方面无疑享有"先天优势"，这就将选择进行军事斗争的分离主义组织置于一个十分不利的地位。

　　非洲分离主义运动面临的第三个遏制性因素是外部关系。如前所述，在战后国际体系的实际运转中，国家领土完整原则压过了民族自决原则，这使得现有国际体系对待分离主义运动的态度极为保守。这种保守态度在后殖民时期的非洲更为凸显，而这又与各国对分离主义运动可能在非洲引发连锁反应的担忧联系在一起。对比《联合国宪章》与《非洲统一组织宪章》的相关条款就可以发现，非洲国家对于"维护国家领土完整"的态度更为强烈：《联合国宪章》第二条要求，成员国不能威胁或武力侵害他国的领土完整和政治独立，这大体上是一项否定性的被动义务；相比之下，《非洲统一组织宪章》第二条则规定，该组织致力于"捍卫"各个成员国的主权、领土完整和独立，这是一项积极义务。在现实中，这就使得非洲分离主义运动难以摆脱"外部孤立"的困境。一方面，非洲的分离主义运动很难像其母国那样得到强有力的国际支持。加丹加和比夫拉分离运动的失败与其缺乏国际支持直接联系在一起，而在加丹加的案例中，联合国还直接派出军队帮助恢复刚果（金）的"领土完整"。在厄立特里亚和南苏丹的案例中，国际支持的缺乏直接导致分离主义战争陷入旷日持久的消耗战。另一方面，国际支持的缺乏还使得非洲一些获得实际独立地位的分离主义运动难以获得国际承认。① 大多数非洲国家均面临程度不一的分离主义风险，因而它们在不承

---

① 关于"国际承认"是否是产生新国家的必要条件，国际法中的"宣布学派"（Declarative School）与"构成学派"（Constitutive School）之间产生了旷日持久的争论。但是，一个不争的事实却是，在国际体系的实际运转中，"国际承认"是新生国家获得国际合法性的前提。此外，未能得到国际承认导致新生的类国家实体无法开展正常的国际交往，因而会对其"国家资格"构成实际限制。

认分离主义运动构建的类国家实体方面享有共同利益。只有在母国率先承认分离主义运动构建的类国家实体之后，非洲国家才会选择承认后者，厄立特里亚和南苏丹的独立过程均是如此。相比之下，尽管索马里兰自 1991 年后就处于实际独立状态，但是由于索马里政府的反对，索马里兰的独立诉求并未得到任何国家的承认，它仍旧被国际社会所孤立。

上述三大遏制性因素并非彼此孤立存在，而是共存于一种相互交织、彼此强化的关系网络之中。换言之，在现实中，非洲的分离主义运动面临的是上述三大因素共同构成的"遏制体系"。其中，"组织化"是它们面临的内部障碍，"军事斗争"是其面临的来自母国政府的障碍，而"外部孤立"则是来自国际体系的障碍。在现实中，这些障碍因素彼此强化，形成了某种遏制合力。对于非洲的分离主义运动而言，这一"遏制体系"带来了正反两方面的可能性。一方面，这大大压缩了分离主义运动的生存空间与成功可能性。在"遏制体系"的遏制合力下，非洲的分离主义运动无一例外地处于举步维艰的境地，即便那些最终赢得独立的分离主义运动，也无一不付出了惨痛代价。另一方面，这也带来另外一种可能性，即分离主义运动在克服特定遏制性因素方面的进展，可能会成为打破整体"遏制体系"的突破。例如，分离主义运动在克服组织化障碍方面的成功，无疑会提升其进行军事斗争以及打破外部孤立状况的能力。反过来，如果一个分离主义组织能够获得更大的外部支持，那么其进行军事斗争以及克服组织化障碍的能力就会增强。简而言之，不同的分离主义运动在打破"遏制体系"方面的具体路径不尽相同，正如本文接下来对厄立特里亚和南苏丹的比较分析，这一选择与各个分离主义运动所面临的内外部环境以及可利用的诸类资源紧密联系在一起。

三 殊途同归：厄立特里亚与南苏丹
分离主义运动的历史比较

尽管厄立特里亚和南苏丹的分离主义运动最终取得了成功，但是与"要素论"的预期相悖的是，它们事实上并不拥有导致分离主义运动的某些"先天优势"：首先，它们内部均存在着严重的族群和宗教分裂，这与索马里兰或是巴罗策兰的情况完全不同。在厄立特里亚，族群对立与宗教冲突交织在一起，高地基督徒与低地穆斯林之间的分裂旷日持久；而在南苏丹，游牧族群之间（丁卡人、努尔人、西鲁克人）以及游牧族群与定居农业族群之间的冲突则与对自然资源的争夺以及暴力文化传统密切相关。其次，它们与各自母国之间也并不存在有利于分离主义运动兴起的地理阻隔，这与卡宾达、卡萨芒斯以及（某种程度上）桑给巴尔的情况也不相同。最后，对于各自母国而言，厄立特里亚和南苏丹都具有重要的战略、经济或文化象征价值，历届埃塞和苏丹政府都誓死捍卫其领土主权，两个分离主义运动始终面临着来自母国的强大军事压力。厄立特里亚拥有埃塞所有的出海口，其高地地区还是古代阿克萨姆帝国的核心，在埃塞统治者和民众心中有着突出的历史象征意义。南苏丹扼守尼罗河上游，在一定程度上控制了北苏丹（以及埃及）的水资源状况，同时，苏丹已发现的大部分石油资源都位于南苏丹。正如本文余下篇幅所分析的，厄立特里亚和南苏丹分离主义运动的成功并非源于它们拥有某些有利的"要素"或"要素组合"，而在于它们最终有效克服了不利于非洲分离主义运动取得成功的"遏制性因素"。

（一）克服组织化障碍：领导权与动员力

如前所述，非洲的分离主义运动代表了分离主义社群与母国社会之间的全面对抗，而赢得这场对抗的首要条件就是实现对分离主义社群的有效组织。只有实现对分离主义社群的有效组织，分离主义运动才能充分动员当地社会，进而与母国政府的军事对抗才成为可能。如前所述，对于分离主义运动而言，克服组织化障碍至少意味着相互关联的两大任务：一是形成有凝聚力和行动力的领导组织，以实现对分离主义运动的领导；二是通过领导组织，实现对分离主义地区社会的有效动员。在完成这两大任务方面，厄立特里亚与南苏丹的分离主义运动既有相似性，也有不同之处。

（二）领导权的确立

与非洲大多数地方的分离主义运动一样，厄立特里亚和南苏丹都面临着严重的组织化障碍。这种组织化障碍首先就体现在两地的去殖民化进程中。在确定厄立特里亚战后地位与前途命运的去殖民化进程中，穆斯林联盟（Muslim League）主张独立，而由高地基督徒组成的联合党（Unionist Party）与教会组织则坚持与

13

埃塞联合。这种内部分裂最终导致联合国决定厄立特里亚应与埃塞结成联邦并成为后者的一部分。同样，在苏丹的去殖民化进程中，南苏丹政党间的分裂为北方精英操纵去殖民化进程大开方便之门，最终使得南苏丹失去了获得自治地位的机会。

在厄立特里亚和南苏丹的分离主义运动兴起后，组织化障碍就表现为分离主义运动内部的冲突与分裂。在两个案例中，分离主义组织均是"两线作战"，即一方面要面对来自母国政府的军事压力，另一方面又要抑制来自运动内部的分裂压力。这种分裂压力首先表现为不同分离主义组织对于分离主义运动领导权的争夺。"厄立特里亚解放运动"（ELM）是厄立特里亚最先出现的分离主义领导组织，后来出现的"厄立特里亚解放阵线"（ELF）通过军事手段铲除了ELM的势力，垄断了分离主义运动的领导权。但是，后来从ELF分裂出去的"厄立特里亚人民解放阵线"（EPLF）又与ELF展开了对分离主义运动领导权的争夺。经过两次内战，EPLF终于在1982年将ELF的势力赶出厄立特里亚，最终实现了对分离主义运动的主导。在南苏丹，第一次分离主义战争（1955—1972年）失败的主要原因就在于安亚尼亚运动（Anyanya）内部的分裂。只是到了1970年，以色列开始支持拉古（Joseph Lagu），在后者的领导下，安亚尼亚运动才实现初步统一，并使得1972年与苏丹政府签订和平协议成为可能。同样，在第二次分离主义战争（1983—2005年）期间，苏丹人民解放运动（SPLM）与安亚尼亚Ⅱ（Anyanya Ⅱ）为了争夺分离主义运动的领导权也是大打出手，直到后者最终被击败。除了因争夺"分离主义运动领导权"导致的分裂与冲突外，分离主义组织内部也随时面临着分裂的张力。在20世纪70年代中期，厄立特里亚人民解放阵线内部对阿费沃尔基（Isaias Afwerki）个人独断专行的不满导致了"蝙蝠"（Menque）、"亚明"（Yamin）等异议组织的出现。[1] 在南苏丹，族群冲突与苏丹人民解放运动内部的权力斗争最终导致后者在1991年分裂，随之而来的族群仇杀与政治分裂使得南苏丹的分离主义运动元气大伤。[2]

在两个案例中，分离主义运动领导权的确立最终都是通过暴力方式实现的，

---

[1] Gaim Kibreab, *Critical Reflections on the Eritrean War of Independence: Social Capital, Associational Life, Religion, Ethnicity and Sowing Seeds of Dictatorship*, New Jersey: The Red Sea Press, 2008.

[2] 闫健：《政治—军队—族群的危险联结：南苏丹内战原因分析》，《国外理论动态》2017年第3期。

但是，与 SPLM 相比，EPLF 内部围绕领导权的争夺所导致的暴力规模较小，[1] 这可能与南苏丹社会的暴力文化以及族群分裂程度更深有关。此外，在两个案例中，确立分离主义运动领导权的一个相似结果就是抬高了特定领导人的地位。阿费沃尔基和加朗（John Garang）分别成为各自分离主义运动的最高领导人，而在成为最高领导人之后，二人均以专制方式维持组织内部的统一。这从一个侧面表明，严峻的内外环境对两大分离主义组织都提出了"统一行动"的任务（否则，分离主义运动就会被母国政府剿灭），而这一任务的实现反过来又压缩了其组织内部的民主空间。即便如此，阿费沃尔基和加朗维持分离主义组织统一的具体手段仍存在差异。阿费沃尔基主要依靠在 EPLF 内部实行严格的组织纪律与民主集中制原则，相比之下，加朗更为依赖其对外部资源的控制（尤其是垄断了从埃塞门格斯图政权那里获得的支持）。这一差异与两个分离主义组织所在社会的集权传统以及所能获得的外部支持的差异联系在一起。这些差异在两大组织对所在社会的动员中表现得更为明显。

（三）为了分离而动员

分离主义运动克服组织化障碍的另一大任务是对所在社会进行动员，唯有如此，它们才有可能与母国政府进行军事斗争进而打破外部孤立。在进行社会动员方面，EPLF 和 SPLM 的经历存在较大差异。

在厄立特里亚，分离主义目标始终与社会改造目标联系在一起。EPLF 十分重视社会动员，认为这是厄立特里亚民族解放事业能否取得成功的关键。[2] 具体而言，EPLF 的社会动员包括以下方面的内容。首先，建立围绕 EPLF 的外围社会组织。EPLF 在其控制区域成立了妇女联合会、青年联合会、农民协会、民兵以及人民大会等组织，这些组织便成为 EPLF 进行社会动员和改造的工具[3]；其次，广泛开展政治宣传与动员。在分离主义运动时期，EPLF 将马列主义作为主

---

[1]　阿费沃尔基对异议组织的镇压导致一些异议人士或是被监禁或是被处决。而 SPLM 的分裂则导致了大规模的族群仇杀，导致大约 30 万人死亡。参见：John Young, "Sudan: Liberation Movements, Regional Armies, Ethnic Militias and Peace," *Review of African Political Economy*, vol. 30, no. 97, September, 2003, p. 425。

[2]　David Pool, "The Eritrean People's Liberation Front," in Christopher Clapham ed., *African Guerrillas*, Oxford: James Currey, 1998, p. 30.

[3]　David Pool, "The Eritrean People's Liberation Front," in Christopher Clapham ed., *African Guerrillas*, p. 29.

导的意识形态，① 后者也成为 EPLF 进行政治宣传和动员的有力武器。EPLF 成立了群众管理办公室（Office of Mass Administration），由有经验的战士组成，其主要职责就是进行政治动员。在群众管理办公室的推动下，解放区的所有士兵和民众都需要接受 EPLF 主导的政治教育，接受 EPLF 的意识形态成为所有人加入组织的前提条件。在 EPLF 内部确立严明的纪律与通过政治教育将 EPLF 对于厄立特里亚历史和社会的理解灌输给组织成员和普通群众，这二者是相辅相成的。② 再次，在农村进行土地改革。土地改革是在农村进行社会动员的有效手段。为此，EPLF 在解放区的农村建立了土地改革委员会并确保贫农对土改的领导地位。土地改革将地主和富农的土地分给贫下中农，极大动员了农民支持分离主义运动的热情。最后，建立政权组织，提供基本服务。EPLF 在解放区农村废除了埃塞的政权组织，以 EPLF 主导的人民委员会取而代之。不同的社会群体、妇女和青年各自选出自己的代表参加人民大会，后者向全体村民大会汇报工作，而全体村民大会则"需要接受地区群众管理办公室的指导"。③ 新政权组织为村民提供了争端调解、医疗卫生、兽医、教育、供水、道路等方面的服务。EPLF 在社会动员方面的有效性得到了广泛认可。正如康内尔所言，"尽管缺乏持续性的外部支持，但是，EPLF 构建了基本的基础设施（建筑、交通、通信等），推动了经济发展（农业、畜牧业、商贸），提供了社会服务（教育、卫生、紧急救助），改变了农村社会最根本的权利关系（土地改革、婚姻改革、农村管理体制改革）。（EPLF）似乎存在着某种难以解释的动力"。④

与 EPLF 强调社会革命的优先性不同，SPLM 的整体策略是军事斗争优先于社会动员。具体而言，加朗的计划是先通过军事斗争夺取国家权力，然后再利用国家权力进行自上而下的社会改造。⑤ 这也是为何 SPLM 在社会改革和社会福利改善方面步伐相对较小。尽管如此，SPLM 在维护占领区社会秩序方面仍旧取得了一些成绩。早在 1984 年，SPLM 便在其主要活动区域建立了民事政府，管理

---

① 需要指出的是，在冷战结束后，EPLF 大幅淡化了其意识形态的马列主义导向。

② David Pool, *From Guerrillas to Government: the Eritrean People's Liberation Front*, Oxford: James Currey, 2001, p. 100.

③ David Pool, *From Guerrillas to Government: the Eritrean People's Liberation Front*, p. 105.

④ Dan Connell, "Inside the EPLF: The Origins of the 'People's Party' and Its Role in the Liberation of Eritrea," *Review of African Political Economy*, vol. 28, no. 89, 2001, p. 346.

⑤ Alex de Waal, *Famine Crimes: Politics & the Disaster Relief Industry in Africa*, Bloomington: Indiana University Press, 2009, p. 96.

酋长的选举和酋长法庭的运转。1985 年，SPLM 在上尼罗地区、湖泊地区和加扎勒河地区设立了边界警察，极大遏制了上述地区的牲畜劫掠事件的发生。但是，SPLM 开始真正重视社会动员问题是在 1994 年召开的第一次全国大会之后。第一次全国大会通过了"全国协定"（National Convention），宣布要在 SPLM 占领区建立新的治理结构、推进民主改革以及构建普通民众的政治参与渠道。此外，"全国协定"还对军队和民事机构进行区分，以使后者能更好地承担起社会动员与治理的责任。

因此，与 EPLF 相比，SPLM 进行的社会动员无论在范围还是程度上都较为有限。从社会动员的目标看，EPLF 致力于在解放区进行社会改造，这包括重塑农村权力关系、土地改革等较为激进的改革措施，而 SPLM 似乎满足于维持其控制地区的基本秩序；从社会动员的方式看，EPLF 主要通过其所建立的各种群众性组织对民众进行意识形态教育和纪律要求，而 SPLM 既缺乏明确而有凝聚力的意识形态，又在南苏丹社会中没有广泛的组织网络，它主要依赖旧酋长与各种习俗法与南苏丹社会发生联系，辅之以 SPLM 干部的监督；从社会动员的结果看，EPLF 不仅可以从厄立特里亚社会汲取分离主义运动所需的人力与物质资源，而且为所在社会提供了大量的公共服务，而 SPLM 仅是维持了其控制地区的基本秩序，既无法从所在社会大规模汲取人力与物质资源，更没有为所在社会提供广泛的公共服务。

两大分离主义运动在社会动员方面的差异与其所能获得的外部支持联系在一起。尽管都面临着外部孤立的困境，但是与 EPLF 相比，SPLM 还是得到了相对更多的外部支持，后者一定程度上满足了分离主义运动所需的人力与物质资源。例如，SPLM 真正开始重视社会动员问题恰恰是在失去埃塞这个最大外部支持者之后，这一时间点并非只是一个巧合。但是，更为深层次的原因还在于两个分离主义运动所面临的组织化障碍程度的差异。厄立特里亚无疑面临着严重的族群与宗教分裂，但是其历史上的集权经历降低了 EPLF 进行社会动员的难度。南苏丹历史上从未有过集权经历，这也使得 SPLM 在超越族群分裂进行社会动员方面面临着更大的障碍，这也是为何加朗不得不通过控制外部资源来实现对 SPLM 以及南苏丹社会的有限控制。

（四）军事斗争

如前所述，在后殖民时期，非洲各国政府倾向于通过军事手段"解决"分离主义问题。这既与"维护领土完整"原则提供的合法性相关，也与分离主义运动可能带来的现实与潜在危害联系在一起。对于埃塞而言，厄立特里亚不仅具有重要的战略和经济价值（红海出海口），而且还具有很高的历史象征意义（古代阿克萨姆帝国的核心区域）；而南苏丹则是苏丹重要的水源地和石油产地。此外，埃塞和苏丹政府均面临着不止一个分离主义运动的挑战：埃塞还面临着奥罗莫人和索马里人（欧加登地区）的分离主义运动，苏丹则同时被达尔富尔和努巴山区的分离主义运动所困扰。厄立特里亚和南苏丹的独立势必加剧埃塞和苏丹境内其他地区的分离主义运动，对于两国政府而言，这均是难以承受的结果。

因而，埃塞和苏丹政府均选择军事手段应对厄立特里亚和南苏丹的分离主义挑战。在埃塞，门格斯图政权打出了"统一或是灭亡"的口号，准备付出一切代价镇压厄立特里亚的分离主义运动，维护埃塞的领土完整。在苏丹，无论是民选政府还是军政府，都拒绝就南方问题做出任何实质性让步，以避免达尔富尔和努巴山区提出类似的分离主义要求。"军事镇压"因而成为历届苏丹政府应对南苏丹分离主义挑战的不变策略。面临分离主义运动的挑战，两国政府在进行军事镇压方面均很彻底。例如，在镇压分离主义运动的战争中，埃塞和苏丹政府甚至大规模武装平民，以挽救正规军事力量在战场上的颓势。在这种情况下，军事斗争能力便成为厄立特里亚和南苏丹分离主义运动能否继续下去的关键。这方面的反例就是加丹加和比夫拉的分离主义运动，它们失败的直接原因都在于无法抵御母国的军事镇压。

在进行军事斗争方面，厄立特里亚和南苏丹的分离主义运动呈现出一定的相似性。

首先，军事斗争形势表现出较大的波动性。在厄立特里亚和南苏丹，分离主义组织领导的军事斗争都充满了波折与反复。在厄立特里亚，EPLF 和 ELF 在1977 年便占领了厄立特里亚大部分地区，将埃塞军队围困在若干城镇中。但是，在苏联的军事援助下，埃塞军队在 1978—1979 年重新夺取了厄立特里亚主要地区，EPLF 和 ELF 不得不撤退到北部山区。此后，双方围绕 EPLF 在萨勒赫的后方基地展开了反复争夺。战争的僵持状态一直持续到 1988 年，EPLF 重新将埃塞军队围困在主要城市之中，直至 1991 年将埃塞军队完全赶出厄立特里亚。在南苏丹，SPLM 在 20 世纪 80 年代中期就将政府军围困在大城市。1989 年，SPLM

占领了南苏丹大部分农村地区，并渗透到努巴山区和青尼罗地区，控制了南苏丹与埃塞和肯尼亚的边界。但是，1991 年埃塞门格斯图政权的垮台以及 SPLM 随后的分裂，使得战场局势发生逆转。1991—1994 年，苏丹巴希尔政权发动攻势，重新夺回战场主动权，SPLM 被迫撤退。1995—1997 年，SPLM 利用苏丹政府的国际孤立状况发动大规模进攻，重新夺回了 1991 年失去的大部分地区，并将政府军围困在若干大城市之中。1998 年，SPLM 夺取瓦乌和托里特的战役失败，军事局势逐渐陷入僵持，一直持续到 2005 年南北双方签订《全面和平协议》。

其次，两个分离主义运动的军事力量都经历了从弱到强的发展过程。在厄立特里亚和南苏丹的案例中，分离主义运动的军事力量刚开始时都很弱小，这使得它们很容易被母国政府的军事力量所镇压。在厄立特里亚，ELF 和 EPLF 在 1974 年的士兵总数不超过 2500 人，武器也十分落后，而到 1977 年则发展成为一支 4 万人左右、拥有重武器的常规武装力量[1]。南苏丹的分离主义运动始于苏丹政府军中叛逃的南方士兵，尤其是在第一次内战期间，安亚尼亚运动的武装力量十分弱小，军事策略以游击战为主。但是到了 1989 年，SPLM 的士兵数量超过了 7 万人，时任苏丹国防部长甚至担心，"随着 SPLM 获得越来越多的重武器，它将发展成为一支常规武装力量"。[2] 在两个案例中，分离主义运动军事力量的增强均与各自母国政府的军事镇压联系在一起：母国政府的军事镇压力度越是增强，则分离主义运动的军事力量也就越增长。

再次，军事斗争的主动成为分离主义运动最终取得成功的根本前提。在两个案例中，各自母国政府均采取了一系列极端手段镇压分离主义运动。在厄立特里亚，EPLF 先后打退了埃塞军队九次围剿。其中，埃塞军队 1982 年发动的"红星战役"持续了近四个月，被认为是第二次世界大战后非洲大陆发生的最大规模战斗之一，参加"红星战役"的埃塞军队规模达到 15 万人。[3] 在南苏丹，苏丹政府军利用 SPLM 的分裂，在 1990 年年初发动了大规模攻势，取得了战场上的主动，但战争成本逐渐超出了苏丹政府的承受范围。1992 年，苏丹的外债规模

---

① Mesfin Araya, "The Eritrean Question: An Alternative Explanation," *The Journal of Modern African Studies*, vol. 28, no. 1, 1990, p. 97.

② Matthew Arnold, *South Sudan: From Revolution to Independence*, New York: Columbia University Press, 2012, p. 67.

③ Dan Connell, *Against All Odds: A Chronicle of the Eritrean Revolution*, Trenton: The Red Sea Press, 1993, p. 217.

高达155亿美元，政府每天在南苏丹的战争开支高达200万美元。[①] 为了扭转战场上的被动局面，埃塞和苏丹两国都不惜大规模组织非正规军队。在埃塞，门格斯图政权组织了由10万农民组成的"红军"，到1978年，"红军"的规模扩大到20万。[②] 在苏丹，政府早在1965年就开始组织部族武装力量"家园卫士"（Home Guard），作为正规部队的辅助力量，此后，非正式武装一直是苏丹政府军事镇压分离主义运动的重要工具。巴希尔政权上台后，进一步提升了非正式武装在南方战场的重要性。1989年，巴希尔政府组织成立了准军事组织"大众防御力量"（Popular Defense Forces），由军队指挥官直接领导。自20世纪90年代初开始，"大众防御力量"的现役武装人员规模一直保持在1万人以上，其预备役规模保持在8万以上。[③] 此外，两国政府的军事行动长期得到外部的军事援助。美国和苏联先后支持埃塞政权镇压厄立特里亚的分离主义运动，而在巴希尔上台之前，美国政府一直是苏丹最大的军事援助国。

即便如此，埃塞和苏丹政府军最终还是陷入了战场上的被动。除了其自身的韧性之外，EPLF和SPLM军事策略上的成功是它们最终取得军事主动的关键。EPLF和SPLM一个共同的策略就是联合其母国境内的反对派力量，打击母国政府的战争意志。在埃塞，EPLF与提格雷人民解放阵线（Tigray People's Liberation Front，TPLF）、奥罗莫解放阵线（Oromo Liberation Front）以及阿法解放阵线（Afar Liberation Front）等反对派军事组织结成同盟，使得门格斯图政权顾此失彼，最终在1991年被TPLF和EPLF的联合武装推翻。在苏丹，SPLM与北方的反对派组织"全国民主联盟"（National Democratic Alliance）结成统一战线，共同致力于推翻巴希尔政权。在"全国民主联盟"的支持下，SPLM将战火烧到了北方，在青尼罗、南科尔多凡、努巴山区以及达尔富尔站稳了脚跟。2000年，SPLM与贝贾人的武装（Beja Congress）在苏丹和厄立特里亚边境地区开辟了东方战场，直接威胁北方政权，尤其是它们袭击了为首都喀土穆供电的水电站，使得苏丹政府大为震惊。

---

① Sharif Harir and Terje Tvedt eds. , *Short-cut to Decay: The Case of the Sudan*, Nordiska Afrikainstitutet, Uppsala, 1994, p. 61.

② Dan Connell, *Against All Odds: A Chronicle of the Eritrean Revolution*, Trenton: The Red Sea Press, 1993, p. 97.

③ Jago Salmon, "A Paramilitary Revolution: The Popular Defense Forces," Working Paper, *The Small Arms Survey*, 2007.

在进行军事斗争方面，EPLF 和 SPLM 的一大区别就是所获得的外部支持不同。SPLM 得到埃塞门格斯图政权的支持，其基地长期位于埃塞境内。在门格斯图政权垮台后，SPLM 又在乌干达和肯尼亚获得了立足点。与 SPLM 相比，EPLF 的武装斗争更为孤立无援。它的基地一直位于厄立特里亚境内，因而成为后殖民时期非洲历史上唯一没有国外基地的分离主义组织。即便是 EPLF 所依赖的苏丹补给线，也多次因为苏丹政府的压力而受到限制。因而，EPLF 所面临的军事压力远高于 SPLM。

在对 EPLF 的一项研究中，普尔指出：厄立特里亚的独立是多种因素共同导致的结果，包括埃塞门格斯图政府的垮台、TPLF 的军事胜利、冷战的结束以及苏联的解体等，但核心因素是"EPLF 维持自身以及进行武装斗争的能力"。[①] 这一结论同样适用于南苏丹。如前所述，EPLF 和 SPLM 在利用外部支持进行武装斗争方面存在差异，而如何彻底打破外部孤立则是两大分离主义运动面临的又一共同挑战。

（五）打破外部孤立

如前所述，在战后国际体系的实际运转中，国家领土完整原则压过了民族自决原则，这使得现有国际体系对待分离主义运动的态度极为保守。在后殖民时期的非洲场景下，这意味着几乎所有的分离主义运动都面临着外部孤立的窘境：一方面，分离主义运动很难（尽管并非不可能）从外部世界获取至关重要的资源；另一方面，出于对分离主义运动可能造成的对现今国际体系的挑战，国际社会（尤其是非洲国家）一般都不愿意赋予分离主义运动以国际承认或任何道义支持。因而，如何打破外部孤立状况就成为非洲的分离主义运动所必须面对的一大挑战。

在厄立特里亚和南苏丹，分离主义运动从一开始就面临着因外部孤立而导致的生存压力。在第一次苏丹内战期间，安亚尼亚运动一直四分五裂，直到拉古获得了以色列的支持后，才实现了初步统一。第二次苏丹内战爆发后，SPLM 的外部关系状态仅仅因为利比亚和埃塞政府的有限支持而有所缓解，但是，在门格斯图政权垮台后，来自埃塞的外部支持的中断随即导致了 SPLM 的分裂，南苏丹的

① David Pool, *From Guerrillas to Government: the Eritrean People's Liberation Front*, Oxford: James Currey, 2001, p. 195.

分离主义运动几乎处于崩溃的边缘。在厄立特里亚分离主义运动初期，ELF 仅仅从若干中东国家获得了有限支持，而在 EPLF 击败 ELF 进而主导厄立特里亚分离主义运动之后，这些有限支持也丧失了。此后的很长时间内，EPLF 几乎在没有外部支持的情况下进行分离主义斗争。

讽刺的是，EPLF 和 SPLM 打破外部关系的机会其实最终来源于对方的母国。长期以来，苏丹和埃塞陷入了克里夫（Lionel Cliffe）所说的"相互干预"困境之中①：苏丹支持厄立特里亚的分离主义运动，而埃塞反过来支持南苏丹的分离主义组织。1967 年阿以战争之后，苏丹政府支持阿拉伯国家，这导致它与埃塞的关系紧张。尼梅日 1969 年政变上台后，苏丹政府允许利比亚、伊拉克以及巴解组织通过其领土向厄立特里亚的分离主义运动提供武器，而埃塞反过来加大了对安亚尼亚运动的支持。尽管苏丹和埃塞政府分别于 1972 年和 1980 年协商承诺，不再支持针对另一方的分离主义运动，但是，这种"相互干预"的政策事实上一直都未中止。苏丹东部的难民营一直是 EPLF 招募新兵的重要基地，EPLF 的后勤补给需要先通过苏丹港，再由卡车运送到其在萨勒赫地区的基地。尽管时不时面临紧张和限制，但是苏丹从未关闭其与厄立特里亚的边界，而后者成为 EPLF 保持与外部世界联系的生命线。相比之下，门格斯图政权对于 SPLM 的支持更为广泛。一直到门格斯图下台之前，SPLM 的政治领导机关和军事训练营都位于埃塞境内。因而，苏丹和埃塞分别成为对方分离主义运动最大的外部支持者。

苏丹与埃塞之间的"相互干预"困境为厄立特里亚和南苏丹的分离主义运动提供了生存机会，即便如此，它们在获取外部资源方面依旧举步维艰。在厄立特里亚，EPLF 主导分离主义运动之后，原先同情厄立特里亚的若干中东国家就停止了对分离主义运动的支持。在南苏丹，SPLM 在埃塞门格斯图政权瓦解后也陷入了物资匮乏的困境。此外，在埃塞和苏丹两国政府的外交压力之下，西方国家、苏东阵营以及国际组织都不愿意给予两国的分离主义运动任何形式的支持。恰恰相反，埃塞和苏丹政府镇压分离主义运动得到了超级大国和地区国家的大力支持：埃塞政府先后得到了美国、苏联和以色列的军事援助；苏丹政府则长期得到美国（尼梅日政权时期）和中东阿拉伯国家的支持。在这种情况下，如何打

---

① Lionel Cliffe, "Regional dimensions of conflict in the Horn of Africa," *Third World Quarterly*, vol. 20, iss. 1, 1999.

破国际孤立进而获取至关重要的外部资源便是 EPLF 和 SPLM 共同面临的艰巨任务。有意思的是，在这方面，EPLF 和 SPLM 做出了十分相似的选择，即利用国际人道主义救援行动以获取必要的外部资源。

为了从外部获取必要的物质资源以支撑分离主义运动，EPLF 于 1975 年成立了厄立特里亚救援协会（Eritrean Relief Association）。由于联合国的下设机构只向主权国家和得到国际承认的民族解放组织提供人道主义援助，再加上其他国际救援机构也不愿意与分离主义组织打交道，因此，厄立特里亚救援协会在成立之初只能从厄立特里亚海外侨民中获得有限的资金支持。即便如此，厄立特里亚救援协会还是为厄立特里亚难民提供人道主义救援做了大量工作，逐渐获得了西方非政府救援机构的认可。1983 年，厄立特里亚救援协会在厄立特里亚设立了 10 个难民营，其救助的难民人数达到 6.5 万，共有 120 个国际救援组织与厄立特里亚救援协会进行合作。[①] 在南苏丹，SPLM 于 1985 年成立了苏丹救援与重建协会（Sudan Relief and Rehabilitation Association），以争取国际社会的救援物资。与厄立特里亚救援协会类似，苏丹救援与重建协会在成立之初并未得到太多外部援助，它真正发挥作用是在 1989—1990 年的"苏丹生命线行动"（Operation Lifeline Sudan）中。"苏丹生命线行动"使得很多西方非政府救援组织第一次进入南苏丹，而苏丹救援与重建协会在设立难民救助点以及发放救援物资方面发挥了重要作用。

对于 EPLF 和 SPLM 来说，国际人道主义救援之所以十分重要，一个核心的原因就在于它们可将部分救援物资用于分离主义运动之需。这也是为何埃塞和苏丹政府均千方百计限制乃至阻挠在其分离主义地区的人道主义救援行动。例如，1975 年，埃塞政府下令停止所有国际援助机构在厄立特里亚的救援工作，以加大对分离主义组织的压力；1984 年，它又没收了澳大利亚为厄立特里亚和提格雷地区募集的 170 万美元的物资。同样，苏丹政府也担忧国际救援物资可能成为 SPLM 的潜在补给来源，而且还有可能给后者带来一些国际认可，因此也尽力限制国际救援组织在南苏丹的行动。例如，苏丹政府在 1989 年年末宣布"苏丹生命线行动"终止，不允许国际救援组织的飞机飞往 SPLM 控制的地区，这一禁令

---

① Lionel Cliffe and Basil Davidson ed. , *The Long Struggle of Eritrea for Independence and Constructive Peace*, New Jersey: The Red Sea Press, Inc. , 1988, p. 167.

一直持续到1990年4月。①

较之SPLM，EPLF在获取外部资源方面面临着更为严峻的挑战，这又与埃塞和苏丹各自的外交政策以及所掌握的外交资源联系在一起。在去殖民化之后的非洲，埃塞享有非同寻常的国际地位与外交资源。埃塞在殖民化进程中保持了其独立地位，因而被很多非洲国家视为黑非洲权力和"反殖民主义"的象征。在20世纪50年代中后期，埃塞成为非洲去殖民化运动的代言人以及联合国"结束殖民主义特别委员会"成员之一。塞拉西皇帝成为非洲统一组织的首任主席，亚的斯亚贝巴也成为非洲统一组织的总部所在地。随着厄立特里亚分离主义者向北非和中东国家寻求支持，埃塞政府又将自己描述为抵抗阿拉伯国家势力在非洲扩张的桥头堡，进而获得了黑非洲国家的广泛支持。这种国际地位和外交资源使得埃塞政府得以将厄立特里亚问题排除在地区国际论坛之外，大大压缩了厄立特里亚分离主义运动获得外部资源的空间。其结果是，厄立特里亚问题无法登上非洲的外交舞台长达三十年之久。例如，非洲统一组织设有解放委员会（Liberation Committee），以支持非洲各地的民族解放运动。但是，该委员会却认为厄立特里亚的斗争并不属于民族解放运动，而是令人唾弃的"分离主义运动"。相比之下，历届苏丹政府并不享有埃塞那样的国际地位和外交资源，而其外交政策的失误也为SPLM提供了更多获得外部资源的机会。这一点在巴希尔政权1989年上台后表现得最为明显。作为全国伊斯兰阵线（National Islamic Front）的政治代言人，巴希尔加强了伊斯兰势力对其邻国的渗透和扩张，结果四处树敌。这是SPLM在1991年失去埃塞支持后又迅速得到乌干达、肯尼亚等国支持的直接原因。

对于分离主义运动而言，打破外部孤立的另一重要任务就是获得国际承认，而这似乎比获得外部资源更为困难。这是因为一国可以选择暗中支持他国的分离主义运动，但是，承认特定分离主义运动却必须以公开方式进行——由于这极有可能引发承认国与分离主义运动母国政府的公开冲突，因而大多数国家都极力避免单方面承认他国的分离主义运动。这也是为何像索马里兰这样长期实现有效治理的政治实体一直未能得到国际承认的原因。在厄立特里亚和南苏丹的案例中，分离主义运动最终得到国际承认的前提条件都是它们首先得到了原先母国政府的

---

① Sharif Harir and Terje Tvedt eds., *Short-cut to Decay: The Case of the Sudan*, Nordiska Afrikainstitutet, Uppsala, 1994, p.31.

承认。一方面，厄立特里亚和南苏丹的分离主义战争均持续了数十年，战争造成的惨痛后果均动摇了其母国政府通过军事手段解决问题的信心。埃塞和苏丹的政府和军队中不时出现的反战声音就是明证。另一方面，EPLF 和 SPLM 均采取了对其母国政治势力"各个击破"的策略。通过与其母国政府中的反对派结成同盟并争取到后者承认其"民族自决权"，它们加大了母国不同政治势力之间的裂痕，进而为获得母国政府的承认创造了条件。

早在1976年，EPLF 就与埃塞反对派组织"埃塞人民革命党"（Ethiopian People's Revolutionary Party）结成同盟，双方宣布进行军事和其他合作，以推进民主革命。作为合作的前提条件，埃塞人民革命党宣布无条件支持厄立特里亚的独立。真正对厄立特里亚获得国际承认产生决定性影响的事件是 EPLF 与 TPLF 的同盟关系。EPLF 大力支持 TPLF 反抗门格斯图政权的斗争，而后者则承认厄立特里亚人民的民族自决权作为回报。[1] 1991年，EPLF 和 TPLF 的联合部队攻入亚的斯亚贝巴，推翻了门格斯图政权。TPLF 主导的埃塞新政权旋即宣布厄立特里亚人民有权通过全民公决形式决定自己的政治命运，这便为 EPLF 获得国际承认奠定了基础。同样，在南苏丹，SPLM 也通过与苏丹反对派政党结盟的方式获得了后者对其民族自决权的承认。1995年的阿斯马拉会议正式将 SPLM 与北方的乌玛党（Umma Party）和民主联盟党（Democratic Unionist Party）的合作关系正式化。北方的政党第一次宣布承认南苏丹人民享有民族自决权（包括分离权），并同意在推翻巴希尔政权后建立一个世俗国家。这对巴希尔政权造成了极大的震动。迫于压力，1996年巴希尔政权与 SPLM 的反对派签署了和平宪章，该协议包含了一条允许南方行使自决权的条款（尽管其具体内容并没有展开），这是苏丹政府第一次承认南苏丹享有民族自决权（尽管签署该协议的 SPLM 的反对派并不能代表整个南苏丹）。

厄立特里亚和南苏丹最终获得国际承认的方式也大体相似：埃塞和苏丹政府分别承认了厄立特里亚和南苏丹的民族自决权，后两者最终通过全民公决的方式选择正式独立；埃塞和苏丹分别是第一个承认厄立特里亚和南苏丹独立的国家，

---

① 例如，在1986年的一份声明中，TPLF 宣布承认厄立特里亚斗争的殖民性质，这意味着它承认厄立特里亚拥有去殖民化的权利。由此，TPLF 成为当时唯一接受厄立特里亚独立的埃塞政治组织。参见 TPLF, "Statement by the Central Committee of the Tigray People's Liberation Front on the Occasion of the 24th Anniversary of the Armed Struggle in Eritrea," *Review of African Political Economy*, no. 35, 1986, pp. 92 – 94。

其后，其他国家纷纷效仿。回过头来看，为阻止厄立特里亚和南苏丹的独立，埃塞和苏丹均付出惨痛代价，但这其中也存在一个重大区别，即厄立特里亚的独立以门格斯图政权的终结为代价，而南苏丹的独立并未导致巴希尔政权的垮台。吊诡的是，这一差别的深层原因恰恰在于埃塞和苏丹享有的不同国际地位与外交资源。

作为黑非洲权力和"反殖民主义"的象征，埃塞在非洲大陆享有非同寻常的国际地位和外交资源。正因如此，非洲其他国家均不愿意公开挑战埃塞政府在厄立特里亚问题上的立场，这也是为何厄立特里亚问题长期得不到非洲国家关注的原因。埃塞所享有的国际地位和外交资源是历届苏丹政府都不具备的。这种差别直接体现在针对厄立特里亚问题和南苏丹问题所进行的国际斡旋努力的差异上。在整个厄立特里亚分离主义运动时期，由于埃塞的强势地位，围绕厄立特里亚问题开展的国际斡旋仅有两次：一次是1978年的东柏林和谈，双方立场差距太大，无果而终；另一次是美国前总统卡特1991年推动的伦敦和谈，但此时为时已晚，和谈尚未取得进展，门格斯图政权就被推翻。相比之下，围绕南苏丹问题展开的国际斡旋则要频繁很多。例如，非洲统一组织在1992年和1993年主持了两次阿布贾和谈，东非国家间组织（Intergovernmental Authority on Drought and Desertification）在1994年主持了四次和谈。尤其是，在地区国家和美国的支持下，东非国家间组织在推动南北和谈方面发挥了至关重要的作用。在东非国家间组织的努力下，南北双方陆续达成一系列协议，包括2002年的马查科斯协议（Machakos Protocol，确定了南苏丹的自决权以及南方不适用伊斯兰律法），2003年的奈瓦沙和谈明确了内战结束后的安全安排，2004年1月达成的财富分享协议，以及2004年5月达成的关于争议地区与权力分享协议。2005年南北双方签订的结束内战的《全面和平协议》就是上述协议的统称。埃塞的强势地位使其丧失了原本可以争取的和谈机会，最终导致门格斯图政权的覆灭；而苏丹政府的相对弱势地位则使得南北和谈成为可能，这最终反而为巴希尔政权迎来了些许喘息机会。

尽管厄立特里亚和南苏丹最终均打破了外部孤立状况，赢得了主权国家地位，但它们对非洲国家普遍遵从的"占领地保有原则"（Uti Possidetis）所造成的震动仍旧存在程度区别。与厄立特里亚相比，南苏丹的独立更"公然地"挑战了非洲国家的"殖民边界神圣不可侵犯"共识。厄立特里亚曾是意大利的殖民地，其独立某种意义上可被视为"恢复"殖民边界，因而属于去殖民化进程的一部分。相比之下，南苏丹从未有过作为单独殖民地而存在的经历。尽管南苏丹的政治精英反复强调南苏丹特殊的殖民经历（比如，南苏丹在殖民时期事实上的封闭状态），但南北苏丹同属一个殖民地却也是不争的事实。与厄立特里亚相比，南苏丹的独立更加缺少"合法性"，而惨痛的人道主义灾难、巴希尔政权面临的生存危机以及外部力量的更深介入（尤其是美国的全球反恐战略）或许都是最终克服"占领地保有原则"的重要因素。①

四 结语

以厄立特里亚和南苏丹为案例，本文比较分析了后殖民时期非洲分离主义运动获得成功的原因。以往研究大都关注导致分离主义运动成功背后的"要素组合"，与此不同，本文的切入点是阻碍非洲分离主义运动取得成功的"遏制性要素"。具体而言，在去殖民化运动后的非洲，遏制分离主义运动取得成功的因素可以归为三方面，即组织化、军事斗争与外部关系。换言之，后殖民时期非洲的分离主义运动同时面临着组织化、军事斗争与外部关系三个层面的障碍——要取得成功，它们就必须克服这三个层面的"遏制性因素"。相对于非洲其他分离主义运动，厄立特里亚和南苏丹之所以能最终赢得独立，正是源于它们在克服这三个层面"遏制性因素"上的相对成功。

对于"遏制性因素"的关注有助于研究者聚焦非洲分离主义运动所面临的一些结构性障碍。其中，"组织化"是它们面临的内部障碍，"军事斗争"是其面临的来自母国政府的障碍，而"外部关系"则是来自国际体系的障碍。在现实中，这些结构性障碍彼此强化，共同抑制了非洲分离主义运动取得成功的概率。一方面，这些"遏制性因素"有助于我们理解后殖民时期的国际体系为非洲国家所提供的保护以及后者在组织化和军事能力方面享有的"先天优势"；另一方面，它们也解释了为何后殖民时期非洲分离主义运动一般都难以取得成功。

在打破这些"遏制性因素"方面，厄立特里亚和南苏丹的分离主义运动展

---

① 关于为何南苏丹的独立并没有在非洲引发分离主义运动的连锁效应，参见：Heather Byrne and Pierre Englebert, "Shifting Grounds for African Secessionism?," in Lotje De Vries et al. eds, *Secessions in African Politics: Aspiration, Grievance, Performance, Disenchantment*, London: Palgrave Macmillan, 2019, pp. 456 – 477.

现出了很强的相似性：二者均通过强有力领导人专权的方式实现了组织内部的统一，一定程度上克服了"组织化困境"；双方均通过长期的武装斗争与母国形成军事僵持，进而打破了"军事斗争"方面的障碍；它们均利用国际人道主义救援行动获取必要的外部资源，同时，通过与母国政府的政治反对派结盟，它们迫使母国在民族自决权问题上松动立场，最终通过全民公决方式获得正式独立地位，打破了"外部关系"困境。

与此同时，在打破"遏制性因素"方面，EPLF 和 SPLM 展现出不同的长处与短板：EPLF 注重进行社会动员，但在打破"外部孤立"方面面临更大的困难；相比之下，SPLM 在社会动员方面乏善可陈，但却拥有相对更多的机会获得外部资源和外部支持。这种差异与两个分离主义运动各自所面临的社会结构以及其母国政府的强势或弱势地位联系在一起。厄立特里亚无疑面临着严重的族群与宗教分裂，但是其历史上的集权经历降低了 EPLF 进行社会动员的难度。而南苏丹历史上从未有过集权经历，这也使得 SPLM 在超越族群分裂进行社会动员方面需要克服更大的障碍。此外，埃塞在战后非洲国际体系中享有非同寻常的地位，由此带来的外交资源使得埃塞历届政府在孤立厄立特里亚分离主义运动方面均更为成功，这也是 EPLF 在打破"外部孤立"方面举步维艰的深层次原因。相比之下，苏丹不仅不享有类似于埃塞的国际地位，其历届政府推行的扩张伊斯兰的外交政策更是处处树敌，进而为 SPLM 赢得了生存发展的外部空间。

本文的局限性在于未将后殖民时期非洲分离主义运动的失败案例充分纳入到讨论中来，这就使得本文无法为非洲分离主义运动成功的原因提供系统性解释。因此，本文的研究是初步的。任何对非洲分离主义运动成功原因的系统性解释，都要求研究者对相关的成功案例和失败案例进行深入的比较分析，这应是志同道合的学界同仁下一步的研究课题。

政治领导人的行为码与
领导力特征分析[*]

李　泉[**]

【内容提要】　　当下复杂多变的国际形势对研判各国对外战略走向
提出了更高的挑战。新古典现实主义理论的兴起也更加凸显了单一国家
内部因素作为中介变量对国际政治的影响，其中领导人个人特质如何影
响一国对外政策是新古典现实主义分析范式的重要组成部分。本文介绍
了政治领导人心理分析中常用的两种分析方法：行为码分析和领导力特
征分析，包括其理论假设基础、文本分析编码原则以及分值解读办法。
采用这两种方法，基于分析对象的对外政策正式讲话以及特定期间所接
受的媒体采访，本文初步揭示了特定领导人的复杂性格的不同侧面。具
体表现在其自信度、风险承受能力、猜忌他人的程度和对权力的渴望度
方面都显著高于其他同类领导人；在对外博弈过程中行事灵活，倾向于
在两种主要方式中变通：要么与对手形成僵持局面，要么通过更激烈的
冲突手段来迫使对手屈服；在对外战略的实际操作中并不僵化，不属于
意识形态笼罩下一意孤行的领导人类型。

【关键词】　　行为码分析　领导力特征分析　对外政策分析
政治心理学

2016 年特朗普当选美国总统后，开启了美国对外战略重大调整，采取了

---

 * 感谢《世界政治研究》匿名审稿人的宝贵意见，笔者文责自负。
** 李泉，武汉大学政治与公共管理学院教授。

一系列比如退出巴黎气候协定、修改北美自由贸易协定、打击叙利亚、向阿富汗增兵、对朝鲜"极限施压",以及退出伊核协议并对伊朗实施制裁等措施。美国和中国的贸易摩擦也给中美关系带来很大冲击。这些都在客观上对美国对外战略走向的研究提出了更迫切的要求。从国际政治研究和对外政策分析的范式角度而言,我们可以从国际体系、国家或个人层面展开分析,本文聚焦于个人层面的心理分析。

领导人的个性、行为特征以及政策偏好如何最终影响国家的对外政策选择一直是对外政策分析中的经典命题,也形成了不同的分析流派,比如杰维斯(Robert Jervis)的"错误知觉"理论,巴伯(James D. Barber)、格林斯坦(Fred I. Greenstein)和斯科罗内克(Stephen Skowronek)的总统领导风格研究。[①]本文采用斯蒂芬·沃克(Stephen G. Walker)的行为码分析法和玛格丽特·赫尔曼(Margaret Hermann)的领导力特征分析法,在个人层面对特朗普的政治信念体系、策略偏好以及领导风格展开定量化研究,为后续研究判断美国的国际政治行为提供分析基础。

一 领导人政治人格和领导力研究

根据赫德森(Valerie Hudson)的总结,[②]在对外政策分析领域,对领导人的个人特质研究是从领导人的感知和认知能力出发,探讨个人层面的情感、动机、态度和认知模式对行为的影响。大体存在两种技术路线:第一种是心理分析,通过心理画像、类型学和实验的方法展开研究,代表性的成果除前述巴伯和格林斯坦的,还包括明茨(Alex Mintz)的多元启发理论。[③]国内最新成果以尹继武、

[①] Robert Jervis, *Perceptions and Misconceptions in International Politics*, Princeton: Princeton University Press, 1976; James D. Barber, *The Presidential Character: Predicting Performance in the White House*, 4th ed., New York: Longman, 2009; Fred I. Greenstein, *The Presidential Difference: Leadership Style from FDR to Clinton*, Princeton: Princeton University Press, 2000; Stephen Skowronek, *The Politics Presidents Make: Leadership from John Adams to Bill Clinton*, Cambridge: Harvard University Press, 1997.

[②] Valerie M. Hudson, *Foreign Policy Analysis: Classic and Contemporary Theory*, 2nd ed., Lanham: Rowman & Littlefield, 2014.

[③] Alex Mintz and Nehemia Geva, "The poliheuristic theory of foreign policy decision making," in Nehemia Geva and Alex Mintz, eds., *Decisionmaking on war and peace: The cognitive-rational debate*, Boulder: Lynne Rienn, 1997;对多元启发理论的详细介绍可参见韩召颖、袁维杰:《对外政策分析中的多元启发理论》,《外交评论》2007 年第 6 期,第 75—83 页。

郑建君和李宏洲的研究为代表。通过利用专家评定法，他们发现特朗普人格特质由五个纬度构成：不羁善变、精干有为、逐利自我、好胜执着以及积极外向。这五个方面又塑造了特朗普倾向于依靠个人直觉和通过战略欺骗与谈判来达成对外政策目标的行为特征。[1] 第二种技术路线以内容/文本分析为基础。这种方法假设领导人的个性特征和政策偏好或多或少都能从其公开发言或政策文本中得到体现。为了克服瞬息万变的国际政治环境导致领导人言行不一这种情况，以文本分析为基础的研究一般倾向于利用现场采访形成的文字资料、领导人的日记、私密信件或长时段的大样本政策文件来确保能从中提炼出领导人的核心特质和偏好。这方面的研究以玛格丽特·赫尔曼（Margaret G. Hermann）和斯蒂芬·沃克（Stephen G. Walker）的为代表。[2]

对这两种技术路线以及国际政治分析中的心理学流派，张清敏在 21 世纪前十年就已经做了比较详细的介绍。[3] 美中不足的是国内目前对具体分析方法的技术细节以及实际应用还比较少。贺凯和冯慧云利用行为码对中国领导人展开了分析，[4] 杨溢以中国国防白皮书为基础，借助行为码方法分析了中国的对外政策偏好，[5] 李泉运用行为码分析了小布什和奥巴马的国家安全团队如何应对国际危机并展望了特朗普政府的危机应对模式。[6] 目前还没有中文文献对行为

---

[1] 尹继武、郑建君、李宏洲：《特朗普的政治人格特质及其政策偏好分析》，《现代国际关系》2017年第 2 期，第 15—22 页。

[2] Margaret G. Hermann, "Explaining Foreign Policy Behavior Using the Personal Characteristics of Political Leaders," *International Studies Quarterly*, vol. 24, 1970, pp. 7 – 46; Stephen G. Walker, "The Interface between Beliefs and Behavior: Henry A. Kissinger's Operational Code and the Vietnam War," *Journal of Conflict Resolution*, vol. 21, 1977, pp. 129 – 168.

[3] 张清敏：《国际政治心理学流派评析》，《国际政治科学》2008 年第 3 期，第 71—101 页；张清敏：《外交决策的微观分析模式及其应用》，《世界政治与经济》2006 年第 11 期，第 4、15—23 页；张清敏：《外交政策分析的认知视角：理论与方法》，《国际论坛》2003 年第 1 期，第 39—45 页；张清敏：《外交政策分析的三个流派》，《世界经济与政治》2001 年第 9 期，第 18—23 页。

[4] He, Kai and Feng Huiyun, "Transcending Rationalism and Constructivism: Chinese Leaders' Operational Codes, Socialization Processes, and Multilateralism after the Cold War," *European Political Science Review*, vol. 7, no. 3, 2015, pp. 401 – 426; He, Kai and Feng Huiyun, "Xi Jinping's Operational Code Beliefs and China's Foreign Policy," *The Chinese Journal of International Politics*, vol. 6, 2013, pp. 209 – 231.

[5] Yang, Yi Edward, Jonathan W. Keller and Joseph Molnar, "An Operational Code Analysis of China's National Defense White Papers: 1998 – 2015," *Journal of Chinese Political Science*, vol. 23, no. 4, 2018, pp. 585 – 602.

[6] 李泉：《个人信念体系对美国国际危机应对行为的影响》，《国际关系研究》2017 年第 6 期，第 106—126、154 页。

码和领导力特征分析法进行详细梳理。有鉴于此，本文围绕上述两种方法，以特朗普为对象详细解释如何在个人层面获得有关心理和领导风格特征的定量研究结论。

这两种具体分析方法的重要性体现在两个方面。第一，从学理上而言，和对外政策分析注重决策者心理结构的传统类似，新古典现实主义现在也非常重视领导人心理分析。里普斯曼、托利弗和洛贝尔在其新著中就将领导人心理认知特征（leader images）作为四类中介变量中的重要组成部分。根据他们的定义，这些心理认知特征包含一系列能够指导领导人和外界互动的核心价值观、信念和意象。在特定情况下，是领导人的心理结构而不是体系环境决定国家的行为。[①] 杰维斯更是早在1976年就指出，如果不了解决策者对世界和他人的认知和信念就几乎不可能解释关键决定和政策。[②] 这样一来，测量领导人的心理结构和特征就构成了在更高层次研究对外政策和国际政治规律的基础。

第二，从科学的角度而言，不仅研究过程可复现、可验证，而且研究结果也具有良好的拓展性。有鉴于大多数学者并没有机会接触任何国家领导人，仅仅依据新闻报道所获得的二手信息来判断领导人心理特质很难获得严谨的结论。以特朗普为例，伍德沃德（Bob Woodward）2018年出版了基于大量第一手采访获得的关于白宫运行状况的新书《恐惧：特朗普在白宫》，为解读特朗普的个性特征提供了很多素材。书中所描绘的特朗普与其幕僚以及行政部门官员的互动事例显示出他几个比较重要的性格和行为特征：自恋、固执己见、缺乏同情心、无知、说谎成性，因为通俄门的调查而情绪不稳，正常情况下也无法集中注意力听取情况简报，迷信通过制造恐惧和突然袭击让对手屈服等。虽然这些涵盖决策细节层面的披露可以丰富我们对美国当下决策过程的认识，并展示出特朗普个人决策的一些特点，但和科学系统性的分析还存在很大距离。不同的学者基于这些二手材料会得出不同的判断，既缺乏一致性的检验标准，也难以在更高层次的研究中得到系统性的运用。本文将要详细介绍的两种方法

---

① Ripsman, Norrin M., Jeffrey W. Taliaferro, Steven E. Lobell, *Neoclassical Realist Theory of International Politics*, Oxford University Press, 2016, pp. 21, 62.

② Robert Jervis, *Perceptions and Misconceptions in International Politics*, Princeton：Princeton University Press, 1976, p. 28.

恰好可以弥补传统方法的不足。本文的第二部分以行为码分析为核心，第三部分以领导力特征分析为核心，第四部分以两种方法的分析结果为基础综合评价特朗普的心理和风格特征，第五部分探讨两种方法的不足之处以及未来可能的拓展改进方向。

二　行为码分析法及应用

行为码分析最初起源于美国对掌握苏联领导层动态的需要。[1] 莱茨（Nathan Leites）分别在 1951 年和 1953 年出版了对苏联政治局和布尔什维克主义的分析。不过"行为码"一词（operational code）的出现时间更早，最初由莫顿（Robert K. Merton）在 1940 年提出，意指个人在组织中所形成和共享的价值偏好、世界观和习惯性应对措施[2]。莱茨的首创在于将莫顿一般意义上的组织决策研究纳入到了社会心理学和心理分析领域，并总结出苏联政治局所遵循的决策原则和基本的世界观。有趣的是美国国际关系学界在接下来的十五年中并未重视莱茨的研究，直到 1969 年乔治（Alexander George）重新发现了其研究的价值。乔治的贡献在于将研究的重心聚焦在"政治战略准则"（maxim of political strategy），也就是行为规则（rules of conduct）上。他认为政治人物所遵循的这些规则隐藏在他们对一系列基本问题的理解之中，这些问题包括如何理解政治及政治斗争的本质、个人在历史中的地位和作用，以及哪些是最有效的策略和手段。在乔治的研究基础上，霍尔斯蒂（Ole R. Holsti）于 1977 年总结出了六种信念体系（belief systems）。沃克将该项工作继续推进，于 1983 年将霍尔斯蒂的六种信念体系的后三种合并，最终固定成为今天所通用的四种信念体系，或者说四种领导人类型。为了更有效地将分析对象准确地归入不同的信念体系，沃克、谢弗和杨（Walker, Schafer, Young）在 1998 年、1999 年利用文本分析技术开发了一种特定的动词分析方法（Verbs in Context System, VICS），最终形

---

[1]　Stephen G. Walker, "The Evolution of Operational Code Analysis," *Political Psychology*, vol. 11, no. 2, 1990, pp. 403 –418.

[2]　operational code 也有翻译成"操作码"，根据莱茨的定义，笔者认为翻译成"行为码"更能体现其从信念到行为的内涵。

成了一组可重复检验的量化指标。[①]

（一）行为码的编码逻辑

具体来说，乔治基于动词的行为码分析所刻画出的信念体系由十个纬度组成，前五个纬度刻画哲理性问题（philosophical），后五个纬度刻画工具性问题（instrumental），具体见表 1。[②]

表 1   行为码分析的底层问题

哲理性问题

P–1：政治生活的本质是什么？政治世界的本质是冲突的还是和谐的？政治对手的根本特征是什么？（the nature of the political universe）

P–2：实现根本政治价值目标的前景如何？对该前景的判断是应该乐观还是悲观？哪些方面乐观，哪些方面悲观？（prospects for realizing fundamental values）

P–3：政治行为是否可以预测？可以预测到何种程度？（predictability of the political universe）

P–4：对历史发展有多少掌控力？个人在推动历史向自己所希望的方向发展中能扮演多大的角色？（control over historical development）

P–5：人类事务和历史发展中偶然性或者说运气扮演何种角色？（role of change）

工具性问题

I–1：为政治行动选择目标的最佳手段是什么？（direction of strategy）

I–2：追求目标的最有效方式是什么？（intensity of tactics）

I–3：如何计算、控制、接受政治行为所产生的危险？（risk orientation）

I–4：采取行动的最佳时机是什么？（timing of actions）

I–5：实现目标的不同手段的价值和角色是什么？（utility of means）

资料来源：笔者翻译自沃克的原始表格。

---

① Nathan Leites, *The Operational Code of the Politburo*, New York：McGraw-Hill, 1951；Nathan Leites, *A Study of Bolshevism*, New York：Free Press, 1953；Alexander George, "The 'operational code'：A neglected approach to the study of political leaders and decision-making," *International Studies Quarterly*, vol. 13, 1969, pp. 190 – 222；Ole R. Holsti, *The "Operational Code" as an Approach to the Analysis of Belief Systems. Final Report to the National Science Foundation*, Durham：Duke University Press, 1977；Stephen G. Walker, "The Motivational Foundations of Political Belief Systems：A re-analysis of the Operational Code Construct," *International Studies Quarterly*, vol. 27, 1983, pp. 179 – 201；Stephen G. Walker, Mark Schafer, and Michael D. Young, "Systematic Procedures for Operational Code Analysis：Measuring and Modeling Jimmy Carter's Operational Code," *International Studies Quarterly*, vol. 42, 1998, pp. 175 – 190；Stephen G. Walker, Mark Schafer, and Michael D. Young, "Presidential Operational Codes and the Management of Foreign Policy Conflicts," *Journal of Conflict Resolution*, vol. 43, 1999, pp. 610 – 625.

② Alexander George, "The 'operational code'：A neglected approach to the study of political leaders and decision-making," *International Studies Quarterly*, vol. 23, 1969, pp. 190 – 222.

从这十类问题出发，沃克设计的文本分析方法将编码焦点集中在及物动词上。每一个及物动词根据其本意和使用语境被归入六大类：惩罚（punish）、威胁（threaten）、反对（oppose）、支持（support）、许诺（promise）和奖励（reward）。每一类的得分分别为 -3，-2，-1，1，2，3。将所有动词都赋值之后，再根据不同的公式计算 P-1 到 P-5 和 I-1 到 I-5 的值，具体解释如下。①

P-1 测量的是受测者如何理解政治世界的本质。沃克将这个维度视作主纬度（master beliefs），也就是说其他纬度的信念都是基于这个主纬度发展而来，在理论和实证上都与主纬度相联系。主纬度反映的是一个人对其他政治行为人及其行动的总体看法，也就是其认知中所持有的关于政治、政治冲突和政治对手的本质特征的理念。测量的方法是计算在涉及对手的语句中正面词汇和负面词汇的数量，然后用正面词汇的比例值减去负面词汇的比例值，得出的分值在 -1 和 1 之间。数值越低，意味着一个人越倾向于认为政治环境的敌对性质更高；数值越高，则显示一个人认为外在政治环境更友好。也就是 -1 代表极端敌对（extremely hostile），1 代表极度友好（extremely friendly）。

P-2 刻画领导人如何判断实现其根本政治价值目标的前景。它和主维度 P-1 的理论联系在于那些认为外部世界政治环境更友好的领导人也更倾向于乐观地认为可以实现其根本政治价值目标，反之则更悲观。这个维度的分值也在 -1 和 1 之间。 -1 代表对政治价值实现的可能性极度悲观（extremely pessimistic），而 1 代表极度乐观（extremely optimistic）。计算的方法是将每个关于对手的动词赋予 -3，-2，-1，1，2，3 这几个分数，求和之后除以动词的总数。最后通过归一化处理，将结果除以 3，这样最后的取值范围也和 P-1 一样落在 -1 和 1 之间。

P-3 刻画领导人如何判断政治环境的可预测性，也就是对手的行为在多大程度上可以被预测。测量方法是考察前述表示六类不同行为的动词，也就是惩罚、威胁、反对、支持、许诺、奖励，在文本中的变化离散程度。变化越小，意味着可预测性越高，反之则意味着可预测性低。具体公式是 1 减去质性变化指数（IQV，Index of Qualitative Variation）。最后的分值在 0 和 1 之间，0 代表可预测

---

① Mark Schafer and Stephen G. Walker, eds., *Beliefs and Leadership in World Politics*, Palgrave Macmillan, 2006.

度非常低（very low），而 1 代表非常高（very high）。①

P-4 刻画领导人自认为对历史发展有多大程度的掌控度。如果文本语句表明是领导人自己采取了绝大多数行动，那么就判断该领导人认为自身的掌控力比较高。反之，如果表明是对手采取了更多的行动，那么自身的掌控力就低。测量的办法是计算文本中可以归属为自身行动的动词和可以归属到对手行动的动词比例。最后得出的数值在 0 和 1 之间。数值越低，意味着受测者认为对手的掌控力更高。具体公式是将关于自身行动动词的数量除以自身和对手行动动词数量的总和。在运用 P-4 刻画领导人类型时，基于自身行动动词为分子的计算值也被标为 P-4a，以对手行动动词为分子计算的比例值被标为 P-4b。不过 P-4b 只是在研究者需要区分领导人认知中的对手类型的时候才使用。一般情况下我们更关注领导人自身的类型，所以通常将 P-4a 视作 P-4。

P-5 刻画领导人怎么看待机遇或运气的作用。在这里偶然性主要和 P-3、P-4 相关。理论上而言，政治环境越容易预测，自身的掌控力越高，那么偶然性的角色就越低。所以计算方法就是将前述 P-3 的值和 P-4 的值相乘。为了让数值的高低和偶然性的高低一致，具体计算时采用了一个数学变换，用 1 减去上述乘积的结果。最后的分值也在 0 到 1 之间，代表着运气的作用从低到高。

以上是哲理性层面五个维度的测量方法。就工具层面的维度而言，I-1 测量领导人对战略方向的选择，分为合作、中立或者对抗三大类，这个纬度和 P-1 类似，测量的是领导人对合作和冲突的一般性判断。不同的是这个纬度关注领导人自身及其同盟者，理论假设在于如果一个领导人在讲话或者访谈中更多地涉及合作，那么采取合作战略的可能性就越高。计算方式是将表明自己要采取合作的动词数量占比减去表明自身要采取对抗措施的动词数量占比，得到的分值在 -1 和 1 之间。数值越低，意味着领导人更倾向于主动采取对抗的战略。

I-2 刻画领导人采取特定行动时的强度，也就是选择冲突或者合作的强度。和 P-2 的计算方法类似，计算方法也是根据动词所属的六个不同种类赋

---

① 质性变化指数是用来测量名义变量的变化度的一个统计值，$IQV = \dfrac{K(100^2 - \sum Pct^2)}{100^2(K-1)}$，其中 K 指类别的数量，在这里对应 6 类动词，所以取值为 6；Pct 是每一类动词在总动词数中的占比，平方后求和。

值，惩罚（-3）、威胁（-2）、反对（-1）、支持（+1）、许诺（+2）和奖励（+3），然后除以涉及领导人自身动词的总数。归一化处理之后分值也在-1和1之间。数值越低，表明一个人的对抗强度越高，1则代表最高水平合作。

I-3刻画领导人的风险偏好，也就是规避风险（risk averse）或者接受风险（risk acceptance）的程度。理论上风险偏好和在国际事务中所采取的手段的多样性相关，选择多种手段意味着每一个单一手段所带来最后失败的风险会降低。计算方法也是利用了IQV，在统计了领导人讲话中表明主动采取行动的种类数量之后，计算IQV，再用1减去IQV。得出的分值在0和1之间。低分值表明手段多样，所以领导人不喜欢冒险。0代表完全避险，1代表最高的风险接受度。

I-4刻画领导人在选择不同应对手段和行动时机方面的灵活性。这里面包含两个亚纬度，I-4a测量一个人在合作和对抗手段之间选择的离散度。I-4b测量一个人在口头宣誓与实际行动之间选择的离散程度。两个亚纬度的数值都在0和1之间，数值越高，表明灵活度越高。I-4a的具体公式是1减去合作动词的比例与对抗动词比例的差的绝对值。I-4b的具体公式是1减去口头宣誓动词比例与行动动词比例的差的绝对值。

最后，I-5刻画领导人对六种具体手段的有效性的评估，比如在采取实际对抗行为和口头对抗之间哪一种更有效。这里面有六个亚纬度，对应的就是前述涵盖六类行为的动词（惩罚、威胁、反对、支持、许诺、奖励）。计算方式都是涉及领导人自身行为所对应动词的比例，所以每一个亚纬度的数值都在0和1之间，数值越低，意味着领导人认为该手段的效用越低。

（二）特朗普行为码分析

以上是对沃克的行为码分析基本原理的介绍，接下来本文将以特朗普的公开正式讲话为原始材料，对其展开行为码分析。讲话材料来自加州大学圣巴巴拉分校维护的总统文件网站。笔者从中选取了特朗普有关对外政策的讲话一共29篇，其中2017年20篇，2018年1月至7月底9篇（见表2）。对这29篇讲话首先按照年份汇总，然后以年为单位利用Profiler 7.3.2软件进行了集中分析，得到的结果见表3。

表2   **特朗普对外政策讲话**（2017.1—2018.7）

序号	对外政策讲话	时间
1	Inaugural Address	2017. 1. 20
2	Remarks at the Central Intelligence Agency in Langley, Virginia	2017. 1. 21
3	Remarks at the National Prayer Breakfast	2017. 2. 2
4	Remarks at MacDill Air Force Base, Florida	2017. 2. 6
5	Address Before a Joint Session of the Congress	2017. 2. 28
6	Remarks at the Arab Islamic American Summit in Riyadh, Saudi Arabia	2017. 5. 2
7	Commencement Address at the United States Coast Guard Academy in New London, Connecticut	2017. 5. 17
8	Remarks at the Israel Museum in Jerusalem	2017. 5. 23
9	Remarks to United States Troops at Naval Air Station Sigonella, Italy	2017. 5. 27
10	Remarks Announcing United States Withdrawal From the United Nations Framework Convention on Climate Change Paris Agreement	2017. 6. 1
11	Statement on the 75th Anniversary of the Battle of Midway	2017. 6. 4
12	Remarks at the Three Seas Initiative Summit in Warsaw, Poland	2017. 7. 6
13	Remarks in Krasinski Square in Warsaw, Poland	2017. 7. 6
14	Remarks on the Strategy in Afghanistan and South Asia at Fort Myer in Arlington, Virginia	2017. 8. 21
15	Remarks to the United Nations General Assembly in New York City	2017. 9. 19
16	Remarks on United States Strategy Toward Iran	2017. 10. 13
17	Remarks at the United States-Association of Southeast Asian Nations Summit Meeting in Manila, Philippines	2017. 11. 13
18	Remarks on United States Relations With Asian Nations	2017. 11. 15
19	Statement on the 2017 National Security Strategy	2017. 12. 18
20	Remarks on the 2017 National Security Strategy	2017. 12. 18
21	Remarks by President Trump to the World Economic Forum	2018. 1. 26
22	Remarks to United States Troops at Marine Corps Air Station Miramar, California	2018. 3. 13
23	Remarks on United States Military Operations in Syria	2018. 4. 13
24	Remarks by President Trump on the Joint Comprehensive Plan of Action	2018. 5. 8
25	Commencement Address at the United States Naval Academy in Annapolis, Maryland	2018. 5. 25

序号	对外政策讲话	时间
26	Statement on China-United States Trade	2018. 6. 15
27	Videotaped Remarks on North Korea-United States Relations	2018. 6. 15
28	Statement on China-United States Trade	2018. 6. 18
29	Remarks by President Trump in Meeting with Members of Congress	2018. 7. 17

资料来源：笔者自制。

表3　　　　　　　　　　　　　特朗普行为码分值

	2017 年	2018 年
P – 1	0. 31	0. 28
P – 2	0. 10	0. 10
P – 3	0. 88	0. 89
P – 4	0. 28	0. 27
P – 5	0. 75	0. 76
I – 1	0. 39	0. 45
I – 2	0. 16	0. 17
I – 3	0. 87	0. 85
I – 4a	0. 61	0. 55
I – 4b	0. 57	0. 70
I – 5 惩罚	0. 12	0. 16
I – 5 威胁	0. 07	0. 05
I – 5 反对	0. 12	0. 07
I – 5 支持	0. 46	0. 47
I – 5 许诺	0. 08	0. 07
I – 5 奖励	0. 16	0. 19

资料来源：笔者自制。

表4　　　　　　　　　　　　　行为码解读表

P – 1：政治世界的本质

敌对（Hostile）　　　　　　　　　　　　　　　　　　　　友好（Friendly）

极度 (extremely)	非常 (very)	确定 (definitely)	稍微 (somewhat)	不置可否 (mixed)	稍微 (somewhat)	确定 (definitely)	非常 (very)	极度 (extremely)
-1	-0.75	-0.5	-0.25	0	0.25	0.5	0.75	1

P-2：政治价值可否实现

悲观（Pessimistic）							乐观（Optimistic）	
极度 (extremely)	非常 (very)	确定 (definitely)	稍微 (somewhat)	不置可否 (mixed)	稍微 (somewhat)	确定 (definitely)	非常 (very)	极度 (extremely)
-1	-0.75	-0.5	-0.25	0	0.25	0.5	0.75	1

P-3：政治未来的可预测性

可预测（Predictability）			可预测（Predictability）	
极低（very low）	低（low）	中等（medium）	高（high）	极高（very high）
0	0.25	0.5	0.75	1

P-4：对历史发展的掌控

控制（Control）			控制（Control）	
极低（very low）	低（low）	中等（medium）	高（high）	极高（very high）
0	0.25	0.5	0.75	1

P-5：偶然性的角色

偶然性（Chance）			偶然性（Chance）	
极低（very low）	低（low）	中等（medium）	高（high）	极高（very high）
0	0.25	0.5	0.75	1

I-1：战略选择的方向

冲突（Conflict）							合作（Cooperation）	
极度 (extremely)	非常 (very)	确定 (definitely)	稍微 (somewhat)	不置可否 (mixed)	稍微 (somewhat)	确定 (definitely)	非常 (very)	极度 (extremely)
-1	-0.75	-0.5	-0.25	0	0.25	0.5	0.75	1

I-2：合作或冲突倾向程度

冲突（Conflict）							合作（Cooperation）	
极度 (extremely)	非常 (very)	确定 (definitely)	稍微 (somewhat)	不置可否 (mixed)	稍微 (somewhat)	确定 (definitely)	非常 (very)	极度 (extremely)
-1	-0.75	-0.5	-0.25	0	0.25	0.5	0.75	1

I-3：风险偏好

避险（Risk averse）				趋险（Risk acceptant）
极低（very low）	低（low）	中等（medium）	高（high）	极高（very high）
0	0.25	0.5	0.75	1
I-4：手段的灵活性				
灵活度（Flexibility）				灵活度（Flexibility）
极低（very low）	低（low）	中等（medium）	高（high）	极高（very high）
0	0.25	0.5	0.75	1
I-5：手段的效用				
效用（Utility）				效用（Utility）
极低（very low）	低（low）	中等（medium）	高（high）	极高（very high）
0	0.25	0.5	0.75	1

资料来源：笔者翻译自沃克的原始表格。

根据表4中沃克对不同数值的分级解读办法，[①] 我们可以对特朗普2017年的信念体系特征总结如下。

在哲学认识层面，特朗普倾向于认为外部世界对于美国的态度虽然友好，但程度非常轻微。对于是否能够实现自己的政治价值目标，特朗普不置可否，并不确定。他一方面认为能够非常准确地预测未来的走势，另一方面又认为自己对历史走向的掌控程度比较低，相信偶然性在事态发展中会扮演比较重要的角色。

在工具理性层面，特朗普表现出比较确定的选择合作战略的倾向。在具体实施过程中，也倾向于选择合作的战术，但程度弱于战略层面对合作的偏好。也就是说在战术实施层面，仍然更多地存在采取对抗措施的可能。特朗普对风险的承受度非常高，也就是不惧怕冒险。在冲突与合作的两种选择面前比较灵活，不拘泥于任何一种战术。在选择口头宣示和采取实际行动之间也比较灵活。就具体的行为模式而言，特朗普采取口头支持这种方式的概率高于其他五种行为类型。

在2017年数据的基础上，通过比较2018年的数值，我们发现唯一的改变是

---

① Stephen G. Walker, Mark Schafer, and Michael D. Young, "Profiling the Operational Codes of Political Leaders," in Jerrold M. Post, ed., *The Psychological Assessment of Political Leaders*, Ann Arbor: The University of Michigan Press, 2003, pp. 227-231. 根据谢弗（Schafer）的最新意见，另一种更完备的解读办法是先将领导人的分值与基准组领导人的分值比较，计算标准差，然后再对照表4进行解读。此处作为介绍，还是首先依据最初始的解读办法。

特朗普在选择口头宣示与采取实际行动之间的灵活程度进一步提高，但在其他纬度上的态度和偏好都基本保持不变。

除了对上述不同信念纬度具体分值的解读，沃克在乔治（Alexander George）和霍尔斯蒂（Ole R. Holsti）研究的基础上还根据领导人对历史发展掌控度的认知（P-4）和战略选择的方向（I-1）两个纬度区分了四种类型。[①] 图 1 显示了特朗普在 2017 年和 2018 年 1—7 月的类型分布。为了更好地了解特朗普的信念体系和策略偏好的稳定程度，笔者对每一篇讲话都做了单独分析。图 1 中的每一个圆点表示的是单独一篇公开讲话所揭示的信念体系特征，十字方框代表了特征平均值所确定的特朗普所属的类型。

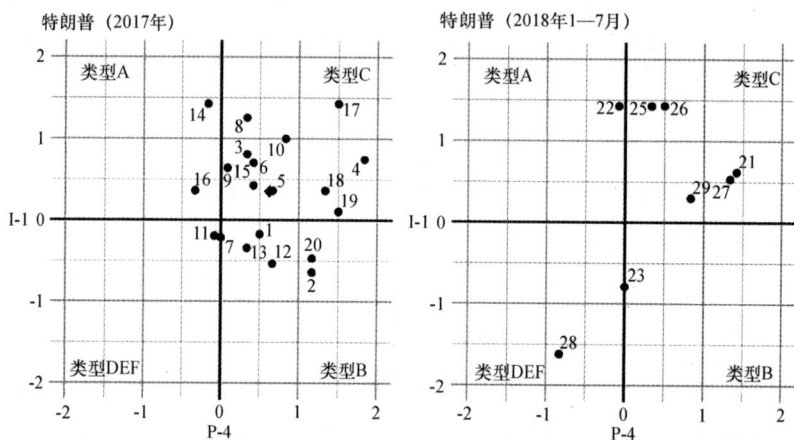

图1　特朗普政治人格类型划分（2017.1—2018.7）

资料来源：笔者自制。

从图 1 中来看，特朗普尽管在一些特定的讲话中出现比较大的偏离，[②] 整体

---

① Stephen G. Walker, Mark Schafer, and Michael D. Young, "Profiling the Operational Codes of Political Leaders," in Jerrold M. Post, ed., *The Psychological Assessment of Political Leaders*, Ann Arbor: The University of Michigan Press, 2003, pp. 221. P-4、I-1、P-1 在行为码分析中被视作主纬度，I-1、P-4a 的组合决定领导人自身的类型，P-1、P-4b 的组合决定领导人所认知的对手的类型。在此处因为只考虑特朗普自身的所属类别，所以只使用 I-1、P-4a。

② 第 23 篇是特朗普 2018 年 5 月 25 日在海军学院毕业典礼上的讲话，第 28 篇是 2018 年 5 月 8 日关于伊核问题的讲话。类型 DEF 的领导人负面性更高，比如认为和对手国的冲突属于长期矛盾，通过冲突手段让对手屈服是其首要策略选择。由于关于特定国家的专门讲话目前还非常少，所以笔者在此不展开专门分析，留待未来材料支撑更充分时再展开。

上他兼顾类型 B 和 C 的特征，并且以类型 C 为主，所有这些讲话的年平均值也显示特朗普主要展现的是类型 C 的领导人的特征。

就类型 C 而言，这类领导人倾向于认为本国和外部世界的冲突都只是暂时的；战争和冲突的根源来自国际体系的无政府状态，但基于国家间存在的潜在利益重合，有可能对国家体系进行重塑。在评估对手时，这类领导人会根据对手在个性本质、所追寻的目标以及坚定程度上的不同来区别对待。他们同时认为在无政府状态下，自身对未来的掌控度和可预测性都比较低，所以对实现目标一般都比较悲观，除非现存国家体系得到根本改变。尽管如此，就行为特征而言，这一类领导人又倾向于追求达成最佳目标，通过调整手段而不是改变最终目标来控制风险。当和解机会出现时他们能抓住机会快速行动，同时尽可能推迟激化矛盾的行为。在军事手段之外，他们也乐于采纳其他有效的资源和办法。

类型 B 的领导人尽管也认为冲突是暂时的，但却将冲突的根源归结为对手国家的好战倾向，同时认为错误的决策和绥靖政策是导致战争的主要原因。在评估对手时，认同对手具备同样的理性思考能力，所以存在被遏制的可能。这类领导人对实现自己的目标一般都比较乐观，认为未来的可预测性相对较高，也有可能在一定程度上掌握历史的发展趋势。他们也倾向于追求最佳目标而不是有限目标，控制风险也是通过调整手段而不是目标。对这类领导人而言，任何战术和资源都可以被用来达成目的，包括使用军事手段，只要收益足够大，并且风险可控。

比较基于表 2 中的数值所进行的全维度解读和图 1 基于两个纬度的类型学划分，二者主要矛盾之处在于前者显示特朗普认为未来的可预测性很高，但自己对历史走向的掌控度很低。这一特征不仅不符合类型 C 或类型 B 的领导人特征，也不符合其他两种类型。所以很可能是特朗普个人的一个突出特质。

就具体的策略偏好而言，类型 C 的领导人认为和解/合作策略最佳，否则就会选择冲突的手段使对手屈服。类型 B 的领导人则会首先选择冲突来使对手屈服，次优选择也是不让步而保持僵局。从特朗普表现出的已有的与朝鲜的互动过程来看，大体符合行为码分析所揭示出的行为特征。其"极限施压"策略在舆论层面用贬低性语言称呼朝鲜领导人并威胁对朝鲜使用核武器，在行动层面通过联合军演以及制订定点清除的计划保持最大程度的威慑，但同时又没有关闭谈判渠道，在明确朝鲜的意图之后迅疾推进首脑会晤。这都表明特朗普在追求实现自己的最佳目标时，手段非常灵活。依照行为码分析所揭示出的特朗普风险承受度很高的特征和策略偏好，可以推测特朗普在和对手国博弈中，对维持僵局所带来成本的耐受性会比较高，尽管最终不排除达成一定程度的和解，但在过程中不回避甚至倾向于采取有限冲突的办法来使对手屈服从而实现自己的最佳目标①。

三 领导力特征分析及应用②

赫尔曼作为和沃克同时代的研究者，其发展的领导力特征分析关注点有所不同。她在这方面的研究从 20 世纪 60 年代末开始到 90 年代末基本定型。出发点也是因为不能采取直接测试的方式，比如给领导人发放心理测试问卷，来对领导人展开心理分析，所以只能依靠间接测量的方式来推导出领导人心理特征。和行为码方法更多地依赖正式讲话文本不同，领导力特征分析在正式讲话和采访两种材料来源中更青睐后者，因为领导人在和记者的问答这样的互动过程中会表现出更多的自发性，更可能流露出领导人个性中一些更深层次的特点。根据赫尔曼的设计，领导力特征分析要求的最低材料量是 50 次采访，每次采访中领导人回应的字数至少应该在 100 字以上，也就是总的文字量最少需要 5000 字。另外最理想的情况是这 50 篇采访最好能够覆盖一个领导人的全部任期，而且采访的场景不同，也就是最好在时间、听众对象和采访主题方面有尽可能多的变化，这样就可以更加全面地衡量一个领导人。

从理论上讲，赫尔曼的分析围绕两个问题展开。在她看来，领导人无论是制定国际政策，还是国内政策，都面临两个挑战，一个是如何在授权下属处理政策问题的同时还能够保持对政策走向的控制；另一个是如何在政治系统中其他行动人施加结构性影响的情况下继续保持塑造政策议程的能力。不同的领导特质和领导风格将会影响领导人如何应对这两个挑战。所以赫尔曼的领导风格在此就特指领导人如何处理与周围人的互动，包括下属、支持者或者其他领导人，也就是使用何种规范和原则来与其他人互动。

---

① 为了进一步增强本文的时效性，笔者分析了特朗普 2018 年 9 月 25 日在联大发表的演讲，结果对特朗普 2018 年的均值没有影响。最新的联大讲话还是表明特朗普属于类型 C。

② 英文为 Leadership trait analysis。该部分对领导力特征分析的归纳介绍来自 Profiler 网站提供的说明材料：Margaret G. Hermann, Assessing Leadership Style：A Trait Analysis, 1999.

基于以上出发点，赫尔曼对领导力特质的测量建立在对三个问题的回答的基础上：第一，领导人如何应对环境中的政治约束，是适应还是挑战这些约束？第二，领导人对外界信息采取何种态度？是不接受，或有选择地吸纳，还是完全接受？第三，领导人采取行动的动机和原因是什么？是完全基于个人目标，还是为了建立和维护与自己支持者之间的关系？对这三个问题的回答可以反映出领导人在多大程度上对周边的政治环境敏感还是固执己见，是想自己完全掌控局势，还是考虑容纳其他人的意见后再决策。

就第一个问题而言，考察领导人对环境中的政治约束的回应程度反映出的是该领导人在多大程度上认为应该掌控情势。对于不希望受到情势控制的领导人而言，他们更愿意直面问题，并从宏观上、在整体层面快速解决问题，这就意味着他们一般都希望掌控局势。对这类领导人而言，环境中的约束因素是需要去克服、打破的障碍。相反，对周边环境中的约束条件更敏感的领导人则会更多地寻求周边人的意见和支持，会更多地采取谈判、权衡和妥协的方式，也更倾向于分阶段地、一件事接一件事地去解决问题，而不是寻求整体宏观的总体解决方案。对他们而言，保持灵活性，把握时机和建立共识不可或缺。

就第二个问题而言，领导人对外界信息的开放度取决于他是否已经确立了既定的政策议程和愿景，或者还是希望通过对周围情势进行研究之后再做出政策选择和决定。前一类领导人只关注能支持自己议程的信息，只关注那些能支持自己议程的人。后一类领导人则更关心当前的情势下允许做什么，所以也就更容易听取周围人，哪怕是反对者的意见和建议。前一类领导人和后一类相比，对外界信息的开放度要低，在行为上会倾向于忽视负面信息，而且更在意如何去说服周围的人去推行自己已经认定的政策议程。后一类人则会详细地考虑正反信息，也会倾听周围人的正反意见。

第三个问题关注的是动机如何塑造行为，而动机又和领导人认为人生中什么最重要有关。总体而言，领导人要么被内在因素激励，比如希望解决特定问题，希望达成特定目标，实现特定理想等；或者被外在因素所激励，也就是希望从外在环境中获得某种回馈，比如外界的接纳、认可、支持，以及外界所能给予的权力和声望。前者由内在动力驱动，后者因为想和外界建立某种关系，所以更容易受到外界因素的影响。前者更倾向于去动员周围人去达到自己认定的目标，而后者则更多地采取说服和推销的手段。

整体而言，这三个问题代表了三个维度：领导人如何应对环境约束，如何处理信息，以及受何种因素驱使去处理与周围人的关系。基于这三个维度的组合，赫尔曼归纳了八种不同的领导风格类型（见表5）。

表5　　　　　　　　　　　　　领导风格分类

约束敏感度 （Responsiveness to Constraints）	信息开放度 （Openness to Informa- tion）	领导人动机（motivation）	
		问题导向（Problem Focus）	关系导向（Relationship Focus）
挑战约束 （Challenges Constraints）	不接受信息 （Closed to Information）	扩张性风格（关注扩充权力和影响） （Expansionistic）	布道式风格（关注说服他人接受自己的信念和目标）（Evangelistic）
	接受信息 （Open to Information）	稳重型风格（避免约束限制，保持自身的灵活性和行动空间）（Incremental）	领袖型风格（通过互动交流和说服的方式来达成自己的目标）（Charismatic）
尊重约束 （Respects Constraints）	不接受信息	命令型风格（在既有的规范范围内指导政策走向，使其符合自己的预期）（Directive）	咨议型风格（确保其他关键行为人会支持或至少不反对其政策目标）（Consultative）
	接受信息	应对型风格（关注在当下政策情境中其主要支持者允许哪些政策选项）（Reactive）	调和型风格（关注调和分歧，建构共识，授权给他人并共担责任）（Accommodative）

资料来源：笔者翻译自赫尔曼的原始表格。

为了能够界定研究对象究竟属于何种领导风格，赫尔曼使用了表6中所列的七个特征来衡量。

表6　　　　　　　　　　　　　领导风格的衡量特征

1	2	3	4	5	6	7
在多大程度上相信自己可以影响或控制事态	对权力和影响力的渴望程度	思维复杂度，也就是区分各种人和事务的细微差别的能力	自信程度	任务导向还是人际关系导向	猜忌怀疑他人的程度	基于自身所属群体的认知偏向程度，也就是在多大程度上将自己的群体居于认知的中心

资料来源：笔者翻译自赫尔曼的原始表格。

更具体而言，领导人在多大程度上相信自己可以影响或控制当前事态以及他们对权力和影响力的渴望会反映出他们是会挑战还是适应环境施加的约束（特征 1 和特征 2）。衡量思维的复杂程度以及自信程度可以帮助我们决定领导人如何处理外部信息（特征 3 和特征 4）。测量他们的偏见程度，对他人的猜忌怀疑程度以及问题导向程度可以让我们了解领导人的行为动机（特征 5、特征 6 和特征 7）。

如前所述，和行为码分析类似，测量这 7 个特征也是通过文本分析方法来实现的。定量分析的核心是计算特定词汇和短语出现的频率，然后将结果与一个由世界各地区领导人构成的基准组相比较，据此决定特定领导人在每个特征上的强弱程度。

（一）领导人是会挑战还是适应环境中的约束？

表7　　　　　　　　　　　　　　　**领导人如何应对环境约束**

对权力的渴望程度 （Need for Power）	相信可以掌控情况的程度（Belief Can Control Events）	
	低	高
低	遵从环境约束，在约束边界之内去尝试实现目标，重视妥协和建构共识	挑战环境约束，但因为使用权力的方式太直接和公开而不太容易成功达到目标，也没有太多调动他人和幕后掌控的能力
高	挑战环境约束，但更多通过间接的方式，也就是幕后掌控的方式，既可以主导事件走向又不用完全担责	挑战环境约束，能熟练使用直接和间接手法，目标明确，并负责主导达成目标

资料来源：笔者翻译自赫尔曼的原始表格。

从表7 可以看出，前述 7 个特征中前两个的组合决定领导人如何应对环境约束。就第一个特征而言，测量对掌控情况是否有信心的方法是计算那些表达出领导人会主动采取某些行动的动词在采访回答中出现的频率。这背后的理论假设是那些高度相信自己能够掌控情况的领导人不太会授权给下属，让下属去发起动议。相反，这类领导人会自己主动发起行动，制定政策。那些不太相信自己能够掌控情况的领导人则具有更多应对型特质，倾向于让其他人对政策或行动负责。

只有当成功率大于50%时，这类领导人才乐意出面。他们更愿意授权，寄希望于其他人能够帮助其达到所希望的目标。这也意味着当政策推行不力时，他们更容易转嫁罪责，转移责任。

针对第二个特征，赫尔曼将对权力的渴望程度定义为希望能够控制、影响他人或团体的程度。测算方法也是统计采访回答中所使用的特定动词的占比情况。当渴望程度高时，领导人属于马基雅维利式风格，工于心计且善于通过幕后操纵来达到目的。外在表现为既勇往直前又和蔼可亲，但实际上对周围人的诉求和利益并不是真正关心，他人只是实现其目标的工具。这类领导人往往使用欺诈和迷惑的手段，他们通过制定规则来帮助实现自己的目标，但因为其自身目标或利益的改变又经常变换规则。其领袖气质和活力以及达成目标的能力在最初往往能吸引大批追随者，但随着时间流逝，当追随者们意识到只是被利用时，他们就会逐渐变成孤家寡人。这类领导人在采取行动前会考察约束的边界，直到最后一刻还会不断地通过博弈来最大化自身行动的范围和收益。

对权力的渴望度低的领导人更愿意授权其他人行事。将集体利益放在个人利益和目标之前，往往能够激发出周围人的团队精神。这类领导人往往表现得富有正义感，愿意公平待人。他们的目标是在支持者中建立信任关系和共同责任意识。总体而言，这样的领导人更多的是以其所领导群体的代言人的面目出现，依据群体的需要和利益行事。

将两个特征结合之后，根据表7，高度自信可以掌控情况并且权力渴望程度高的领导人更倾向于挑战环境中的约束因素，不断打破边界来尝试各种可能。他们主导政策过程并有明确的目标，能熟练地通过直接和间接的方法来达到目的。而在这两个维度上分值都低的领导人更多地会选择适应环境约束，在约束边界之内去实现目标。对他们而言，建立共识和妥协更重要。

高度相信自己可以掌控情况但对权力渴望度低的领导人会倾向于挑战环境约束并主导事件走向，但和在两个维度上分值都高的领导人相比，他们成功的概率要低一些，因为这一类领导人不太懂得如何调动他人以及幕后掌控的方法。在运用权力时表现得太直接，往往在明确宣示政策选择之后却难以付之于行动。

不相信自己可以掌控情况但对权力渴望度高的领导人，也会挑战环境因素，但他们更乐于通过幕后操纵的间接办法来达到目的，这样既可以主导事件走向又不用在负面效果显现时承担完全责任。

最后，在两个维度上都温和的领导人既可能遵守也可能挑战环境约束，要视具体的情境而定。他们最后的选择受到其他特质的影响。

（二）领导人如何处理外部信息？

表8　　　　　　　　　　　领导人的外部信息开放度

思维复杂度（Conceptual Complexity）和 自信（Self-Confidence）的比较	对外部信息的开放度 （Openness to Contextual Information）
复杂度 > 自信度	开放
自信度 > 复杂度	拒绝
高复杂度，高自信度	开放
低复杂度，低自信度	拒绝

资料来源：笔者翻译自赫尔曼的原始表格。

从表8可以看出，七个特征中的第三、四个特征的组合，也就是自信度和思维复杂度，决定领导人如何处理外部信息。就测度单个特征而言，自信表现出的是一个人对自我处理事务以及和他人关系的能力的判断。测量主要关注采访回答中用到的第一人称代词的比例。自信度高的领导人基于自我价值对外界信息进行解读和过滤，对外界信息的免疫力更高，较少受到外界影响。对他们而言，不受外部信息干扰，保持前后行为的一致非常重要。自信度低的领导人则更多地受到外界影响，依靠外界信息来决定如何行事，所以周围人的建议和想法对这类领导人很关键。他们的行为也表现出随情况而多变。为了弥补这种不自信，这类领导人往往更愿意通过充当其支持团体的代言人和代表的方式来增强自信。

思维复杂程度反映的是一个人在尝试理解其他人和事务或者政策时所表现出来的能够区别对待的程度。测量方法是统计特定的副词在文本中出现的比例，比如大概（approximately）、无疑（certainly）、绝对（absolutely），等等。一个人思维越复杂，越能意识到事务背后的多因素情况，意识到环境的模棱两可，这样在对待各种不同的人和理念时也就更加包容与灵活。在行动上，思维复杂度高的领导人会更多地关注环境中的各种动因，尝试通过多视角来理解自身所处的环境。更倾向于收集大量信息，听取周围人的意见。做决定之前会花费大量时间，也会咨询很多人。对这类领导人而言，保持灵活性是其行为的关键。

　　而思维简单的人，则更倾向于将所有事务和人都放到好坏、黑白等二元对立框架中，不太能区分出环境中模棱两可的境况，行为上也更僵化。这样的领导人更相信自己的直觉，更倾向于采取先入为主的解决办法。由于他们总是将外部信息简单套入既定的认知框架，所以往往能够快速决策。对于这类领导人而言，按照既定框架解读外部信息以及保持行动的一致性是其行为的关键。

　　这两个特征结合在一起影响一个人如何定义自我和他人的关系，进而揭示出自我在决策情境中会如何处理来自其他人的信息。思维复杂度高于自信度的领导人对信息更加开放。他们一般而言更实际，对他人的利益、需求和理念更敏感。在美国的政治环境中，根据赫尔曼的说法，这类领导人更常见于州和地方层面选举出来的领导人。他们对情境信号更敏感，行动也往往局限在当前条件所允许的范围之内。在其他人眼中，他们开放并且愿意倾听，表现出愿意帮助他人以及关心其他人可能受到的影响的姿态。这类领导人一般都是通过建立一个集体决策架构，方便所有人在其中相互交换意见，从而最大限度地利用各种信息，并采取一事一议的办法来解决问题。

　　相反，如果自信度超过思维复杂度，那么这类领导人不太愿意接受外部信息，或者说对外部信息不敏感也不在意。他们意识形态色彩强烈，受到自己所信奉的原则和目标所驱动。不仅自己所追求的目标清晰，也希望说服其他人接受其立场和行动方针。对于这类领导人而言，他们想让环境适应其世界观而不是相反。为了达到目标，他们不惜采取强制或欺诈手段，也更倾向于组织一个上下层级严格的决策体系，以方便控制决策。总体而言，这类领导人一般赞誉度都不高，但因为其行动能力强也会受到部分民众欣赏和追捧。

　　当自信度和思维复杂度相当时，领导人的行为取决于和其他领导人比较的结果。如果两个分值都高于基准组的分值，那么该领导人对外界信息更开放，更具战略性，更关注政策的可行性。高度自信也意味着他们对达成目标有耐心。这类领导人往往集合了自信和思维复杂两方面的优点，既明确自己的目标又能对环境所允许采取的行动有清晰的判断。相反，如果两个分值都低于基准组，那么该领导人对外界信息会更多地采取封闭态度，执着于自身或周围小圈子的信念和立场。这类领导人往往以获得影响力和权力为交换条件去服务特定团体的利益，不仅表现出自恋倾向，而且喜欢成为周围人关注的焦点。更有甚者，他们会采取比其支持群体更极端的政策，并陷入对获得巨大成功的幻想状态。

(三) 领导人是问题导向还是关系导向?

表9   领导人寻求担任公职的动机

任务导向 (Task Focus)	担任公职的动机 (Motivation for Seeking Office)
高	解决问题
中等	解决问题或维护关系,视情况而定
低	维护关系

资料来源: 笔者翻译自赫尔曼的原始表格。

七个特征中的最后三个特征被用来衡量领导人寻求担任公职的动机以及对自身群体的认同度,任务导向程度能够反映出一个领导人从政的动机。自我群体偏向和对他人的猜疑程度反映领导人对自己群体的认同度。综合起来,担任公职的动机和认同度两者可以反映出一个人的领导风格到底是问题导向还是关系导向。如前所述,领导人要么被内在因素推动,比如特定的奋斗目标、意识形态或者利益,要么希望从外部获得正反馈,比如收获权力、支持、声望,以及被外部所接受。所以问题导向与关系导向之间互相区别的核心是内在和外在因素两者之间哪一种对领导人的影响更大。

就任务导向这个特征而言,领导人一般承担两个功能,一是推动完成某项工作,也就是解决某个问题,另一个是保持维护团队精神和士气,也就是建构关系。这两者可以构成一个连续光谱。光谱的一端只关注完成任务,另一端只关注维护团队关系,光谱中间则意味着两者兼顾。对于只关注完成任务、解决问题的领导人而言,他们从政的目标就是推动其团体达成目标。而关注团体建设和关系导向的领导人则把维持团体的忠诚和士气视作其工作的核心。有号召力的领导人往往都是因为能够在两者之间保持平衡,视情况来决定工作的重心是去推动解决问题,还是去维护建设团队。

两者更多的区别在于问题导向的领导人会不断地催促解决问题,关注任务本身而不是与之相关的人。他们不太顾及周围人的感受,专注于让任务获得解决,哪怕因此而遭致周围人的反感。这类领导人喜欢招募和自己一样关注完成任务并能够贯彻执行其领导意志的下属。关系导向的领导人则更在意团队士气。对周围人的需求更敏感,其推动解决问题的速度决定于整个团体的意愿。这类领导人强调团队的和谐与忠诚，希望营造多方参与以及互相配合协作的工作氛围，关注如何去动员和授予下属自主权。所以这一类领导人更愿意组织一个团队并分享领导权，也更乐于咨询不同意见。对任务导向这个特征的测量也是通过统计特定词汇的频率来完成，比如成就、计划、建议、体谅、合作等词汇出现的比例。从表9可以看出，任务导向度高的领导人重在解决问题，任务导向度低的领导人重在维护团队关系，程度中等的领导人则根据情况灵活调整。

表10　　　　　　　　　　　**如何看待外部世界**

自我群体偏向 （ingroup bias）	对他人的猜疑程度（Distrust of Others）	
	低	高
低	外部世界威胁度低，冲突产生于特定的情境，应对冲突采取一事一议的方式。认识到自己的国家和其他国家一样，都面临很多制约因素，因此强调应对方式的灵活性；在国际层面存在合作的领域。关注重点是利用有利时机来建立关系	外部世界中充满冲突，但因为意识到其他国家面临很多制约，所以自身的应对方式存在灵活性，不过强调在实现自己国家利益的前提下，密切跟踪事态发展并随时准备限制对手国家行为的影响。关注利用有利时机来建立关系，但同时保持警惕
高	国际体系是一个零和博弈，不过也受到一系列国际规范的制约。对手国家被视为具有根本威胁，冲突具有长期性，因此领导人的任务是减少威胁并增强自己国家的实力和相对地位。关注重点是应对威胁，解决问题，尽管也存在一些改善关系的机会	对国际体系的理解建立在将对手定义为邪恶国家的基础上，认为其目标是推广意识形态或通过零和的方式来拓展其影响力。认为有道德义务来遏制这样的对手国家。愿意承担风险，并采取高度进攻性和专断的行为。关注点是消除潜在的威胁

资料来源：笔者翻译自赫尔曼的原始表格。

由表10可以看出，七个特征的最后两项，自我群体偏向和对他人的猜疑程度决定领导人对自己所属群体的认同程度以及如何看待外部世界，在这里自我认同和如何对待外部世界实际相当于同一枚硬币的两面。

具体而言，自我群体偏向在此指领导人在多大程度上将自己所属的团体置于世界的中心位置。偏向越强，对自己团体的感情认同就越高，也更关注维护本团体的文化和地位，任何决定都需要有利于本团体。自我群体偏向度高的领导人倾向于不计代价地维护自己国家的认同，对干涉自己内部事务的行为特别敏感。而且分值越高，意味着领导人和国家越被视为一体，羞辱领导人就等于羞辱国家，反之亦然。这类领导人倾向于把世界看成是自我和他人的对立，更容易将他人的行为理解为对自身地位的挑战，往往很容易忽视自身的弱点和缺陷而更关注自身好的一面，所以这一类领导人对损害自身地位的行为的判断往往滞后。

另外，这类领导人还喜欢将其他国家和团体当作替罪羊，通过渲染外部威胁来动员自己国家。他们将政治看作零和博弈，所以认为必须时刻保持警惕，才能确保自己是最后赢家。他们在挑选下属时更多地考虑其对国家和团体的忠诚与认同程度。

自我群体偏向度低的领导人并非意味着其不爱国，而是指他们不太会将外部世界简单地理解为非黑即白，也更愿意根据具体情况来定义自身和其他国家的关系。这类领导人不会轻易地将其他国家视为替罪羊，更希望通过正面的外交姿态来缓和各种不满情绪。在分析中对这个特征的统计主要是计算领导人在提到自己的国家时所用到的正面形容词的比例，比如伟大、爱好和平、进步，成功、繁荣，等等。

对他人的不信任反映的是针对其他人的怀疑、不自在、疑虑、警惕等情绪，也就是猜忌他人动机和行为的倾向。编码过程关注涉及其他国家并反映出以上情绪的名词。不信任度高的领导人很容易猜疑他人的动机和行为，特别是被视为竞争者的人或国家。在极端情况下，这类领导人往往陷入偏执，将竞争者的几乎所有行为都解读为带有不可告人的目的。他们喜欢亲力亲为，因为担心其他人会破坏自己的计划。忠诚是下属所要具备的必要条件。这类领导人经常会调整周围人的职位，确保没有任何人能够获得足够的权力向其发起挑战。他们对批评非常敏感，也警惕任何挑战其权威的迹象。虽然说政治领导人一般都会对周围人的动机保持谨慎，但在赫尔曼看来，不信任程度低的领导人会将这种谨慎和怀疑控制在合理范围之内，而且会根据具体情况来判断一个人到底是否值得信任。

根据表10，自我群体偏向和不信任的组合反映一个领导人在多大程度上是受到他所感受到的外界威胁所驱使，还是由外部世界所提供的合作机会所驱使。更关注保护自己所属群体的领导人会更倾向于关注外部环境的威胁，也更易于采取对抗的措施。而认为自己所属群体不需要太多额外保护的领导人则会从外部环境中感受到更多的合作共赢的机会。

总而言之，领导力特征分析法就是通过对文本中特定词语的统计，总结出以上七个特征的分值，然后与一个基准组比较来建构领导人的领导风格。如果分值在基准组平均值的正负一个标准差之内，那么该领导人在该特征上就是温和的，如果高于一个正标准差，就是程度高，低于一个负标准差，就是程度低。最后再根据上述表格中的分类办法推导出领导人的领导风格。

（四）特朗普领导力特征分析

就笔者所知，目前还没有任何数据源完整收集特朗普的采访文字稿，加州大学圣巴巴拉分校的总统文献网站采访记录只更新到了2018年1月，而且有所遗漏。所以本文的原始采访文字稿更多来自笔者自己的谷歌搜索。一共收集到特朗普从2016年当选后到2019年2月的28个采访记录。虽然没有达到赫尔曼所要求的50篇采访的数量，但特朗普的回答的总词数超过106000，远远超过最低5000总单词量的要求。

表11 特朗普的采访记录（2016—2019年）

序号	采访	时间
1	New York Times Interview	2016. 11. 23
2	Bill O'Reilly Interview	2017. 2. 3
3	Jim Gray Interview	2017. 2. 5
4	Maria Bartiromo Interview	2017. 4. 11
5	Julie Pace Interview	2017. 4. 21
6	Forbes Interview	2017. 10. 6
7	Mike Gallagher Interview	2017. 10. 17
8	Brian Kilmeade Interview	2017. 10. 17
9	David Webb Interview	2017. 10. 17
10	Tony Katz Interview	2017. 10. 17
11	Chris Plante Interview	2017. 10. 17
12	Mario Bartiromo Interview 2	2017. 10. 20
13	Lou Dobbs Interview	2017. 10. 25
14	Wall Street Journal Interview	2018. 1. 11
15	On Testifying to Mueller	2018. 1. 24
16	Joe Kernen Interview	2018. 1. 26
17	Piers Morgan Interview	2018. 1. 28

序号	采访	时间
18	Bloomberg Interview	2018. 8. 31
19	Daily Caller Interview	2018. 9. 5
20	Hill TV Interview	2018. 9. 19
21	60 minutes Interview	2018. 10. 15
22	AP Interview	2018. 10. 17
23	Jonathan Karl Interview	2018. 10. 31
24	Daily Caller Interview 2	2018. 11. 14
25	Fox News Interview	2018. 11. 18
26	Philip Rucker Interview	2018. 11. 27
27	Daily Caller Interview 3	2019. 1. 31
28	New York Times Interview 2	2019. 2. 1

资料来源：笔者自制。

将这些采访回答清理整合为一个单一文本之后，运用 Profiler 软件分析所得结果如下。

表 12　　　　　　　　特朗普领导力特征值（与美国领导人比较）[①]

	特朗普分值	基准组分值	判断
相信可以掌控情况	0.37	0.37，0.03	=
对权力的渴望	0.27	0.24，0.04	>
思维复杂度	0.63	0.6，0.05	=
自信程度	0.46	0.45，0.08	=
任务导向度	0.44	0.62，0.06	<
对他人猜疑程度	0.33	0.12，0.03	>
自我群体偏向度	0.11	0.13，0.03	<

资料来源：笔者自制。

表 12 中基准组的分值基于过往 15 位美国领导人的得分，" = "表示在平均

---

① 基准组数据由 Profiler 提供。

值的正负一个标准差之内，">"表示超过一个正标准差，"<"表示小于一个负标准差。从和基准组的比较来看，特朗普相信可以掌控情况、思维复杂程度、自信程度 3 个指标上和过往的美国领导人不相伯仲，没有显著区别。不过他的任务导向度要显著低于过往领导人，而对他人的猜疑程度则显著高于过往领导人。对权力的渴望度接近高于平均值一个标准差，自我群体偏向度接近于小于平均值一个标准差，所以在此分别判定为高于和低于平均值。

表 13　　　　　　　　**特朗普领导力特征值（与世界领导人比较）**

	特朗普分值	基准组分值	判断
相信可以掌控情况	0.37	0.35，0.05	=
对权力的渴望	0.27	0.26，0.05	=
思维复杂度	0.63	0.59，0.06	=
自信程度	0.46	0.36，0.1	>
任务导向度	0.44	0.63，0.07	<
对他人猜疑程度	0.33	0.13，0.06	>
自我群体偏向度	0.11	0.15，0.05	<

资料来源：笔者自制。

表 13 列出的是特朗普和全球 284 位领导人的分值比较结果。与表 12 大致相同。特朗普任务导向度低而猜疑度高。其自信度正好高于世界领导人平均值一个标准差。鉴于美国领导人的自信程度平均值是 0.45，世界领导人的平均值为0.36，特朗普虽然和美国领导人相比在自信度上相当，但显著高于世界平均水平。其自我群体偏向度因为接近于低于平均值一个标准差，所以在此判断为低。

基于以上比较结果，利用表 7，由于特朗普在掌控度和对权力的渴望度方面分值温和，不高也不低，所以根据赫尔曼的规定，特朗普既可能挑战环境约束，也可能适应环境约束，要视具体情况而定。

特朗普的思维复杂度高于其自信程度，根据表 8，他对外界信息总体持开放态度，并不是一个僵化的领导人。鉴于其思维复杂度都接近于高出无论是过往美国领导人还是世界领导人平均水平近一个标准差，我们也可以认为至少和世界领导人相比，特朗普更倾向于对外界信息保持开放态度。值得一提的是，特朗普在思维复杂度上的得分至少反映出他和媒体所反映出的头脑简单的形象有出入。

鉴于特朗普的任务导向度低，根据表9，他在任期内到目前为止更多地表现出关系导向，也就是说他并非是一个完全一意孤行的领导人。

最后，根据表10，特朗普自我群体偏向度低而对他人的猜疑度高，属于表中右上单元所描绘的情况。也就是说尽管他认为外部世界充满冲突，但因为意识到其他国家面临很多制约，所以在选择应对方式时还是比较灵活，不会一味地对抗。不过其警惕性很高，在强调实现自己国家利益的前提下，随时准备限制对手国家可能产生的负面影响。比较有意思的一点是目前的文本分析结果显示其自我群体偏向度低于基准组领导人平均水平，这和他经常挂在嘴边的"美国优先"的口号有很大抵触。

总体而言，特朗普更多的具有关系导向特征，对外界信息保持开放态度，是否挑战环境约束要视情况而定，那么根据表5，他介于领袖型和调和型领导风格之间。前者通过和其他人保持接触并力图说服周围的人去推行自己的政策目标，后者则试图弥合分歧，建立共识，也愿意授权给下属并共同承担责任。

四　特朗普的信念体系和领导风格综述

沃克的行为码分析和赫尔曼的领导力特征分析各有特点。前者涵盖10个基本维度，后者是7个。两者各有侧重，也存在重合。行为码方法突出分析领导人对政治本质的认识以及基于这种认识会采取哪些应对措施，重点在于测量、刻画领导人的信念体系和结构。领导力特征分析则从领导人与环境因素的互动角度出发，考察领导人以自我为中心的程度以及与周围人和对手国家领导人的互动模式。在基本测量维度中，两者不约而同地都考察了领导人对自身掌控力的认识。从各自的基本维度出发，行为码分析归纳出四种领导人类型，领导力特征分析则是八种。基于二者的互补性，将两种方法综合起来就可以获得关于领导人更全面的认识。

本文中运用这两种方法对特朗普的具体分析既验证了学术界已有的一些判断，也补充了其行为特征的其他侧面。比如特朗普"善变"甚至"多变"的这个特点已经在其两年的任期中表现得淋漓尽致。行为码分析显示他在选择冲突与合作两种方式之间比较灵活，领导力特征分析显示他在选择挑战还是适应外部环境约束方面同样倾向于灵活地视情况而定，这都表明特朗普并不是一位僵化或者固执己见的领导人。特朗普关于朝鲜的推特一度给人两国将走向战争的印象，但却并没有妨碍这之后他和朝鲜领导人两次见面。他在上任之初一直坚决反对向阿富汗增兵，但在国防部的坚持之下，也改变了决定。不过在退出巴黎气候协定、修改北美自由贸易协定和耶路撒冷等问题上，特朗普又顶住了内部的反对意见。他一方面表现出比既有美国领导人和世界领导人更高度的自信，相信自己可以预测未来的走势，但另一方面又不认为自己能掌控世界事务的走势，这反映出其内在矛盾的一面，很难说特朗普属于我们通常意义上所理解的强势领导人。行为码分析和领导力特征分析最后都显示他兼具两种类型领导人的特点，类型 B、类型 C 以及领袖型和调和型领导风格。综合这四种类型来看，特朗普倾向于认为外部世界的对抗性大于合作性；尽管他对其他人的猜疑度比较高，但较少用意识形态的眼光去解读周围人或对手的行为，这也就意味着存在达成和解的空间。虽然特朗普重视达成目标，但在过程中也会参考周围人的意见，并不会一意孤行。目前其政策团队中包括强硬派博尔顿、纳瓦罗以及相对温和的姆努钦，说明特朗普目前暂时还没有走到贾尼斯所描述的内部高度同质化以至于形成"团体迷思"的局面。最后，分析显示特朗普个人风险承受度很高，这也许和他早期在商海中几次破产后又重新东山再起的经历有关。在国与国的博弈中，特朗普的这种风险承受能力以及其他特征对美国的对外政策决策和行为具体会有哪些影响，则需要后续观察验证，而这也恰恰是这两个方法目前的短板。沃克借用量子理论思维和史蒂文·布拉姆斯（Steven Brams）的博弈论，以行为码分析为支撑，开发了一套方法来尝试预判国家间冲突与合作的选择。以笔者的实际运用经验而言，目前的模型建构对具体博弈问题，比如中美贸易摩擦何时以及会以何种方式结束仍然莫衷一是，需要从理论和运用层面进一步完善。

五　结论和展望

本文详细介绍了行为码分析和领导力特征分析的理论假设基础以及文本分析的基本编码原则，并通过对特朗普的具体分析展示了对分析结果的推导解读过程。政治领导人心理分析在传统的对外政策分析和新兴的新古典现实主义研究中都占有重要地位，行为码分析和领导力特征分析这两种方法则属于目前使用比较广泛的主流分析方法。早期因为只能使用人工编码方式，过程繁重，效率低，也不能稳定地保持分析质量。现在整个文本计算的过程已经软件化，不仅大大提高了分析效率，也降低了使用这两种方法的门槛。不过技术门槛的降低并不必然意味着分析结果质量的提高，分析过程中研究者的取舍会导致对结果的不同解读。

　　首要问题就是文本资料的来源。最理想的状况是我们能够将特定领导人的所有正式讲话和采访的文字稿全部收集。即使能做到这一点，在分析中还是面临材料的取舍问题。本文对特朗普的行为码分析利用了特朗普与对外政策有关的正式讲话材料，这中间还是包含了笔者对讲话主题的主观判断。显然，不同的取舍方式会造成最后结果的差异。这些差异是否在统计学上显著，还需要更细致广泛的研究。

　　另外，赫尔曼提醒我们有些领导人的风格在任期内会相对稳定，而有些领导人可能会根据情况变化而改变风格，那么我们在运用这两种分析方法时如何使用不同时段的材料就需要认真思考。本文在分析特朗普有关伊朗的讲话中就发现他表现出一个完全不同类型的领导人的特点，这也提醒我们在分析过程中不仅要考虑特定时段，还可能需要区分不同议题、不同国家和地区，这就要求分析者对国际情势有比较好的整体把握才能做出合理的研究设计。研究中如果发现领导人的分值在不同议题领域、不同的受众面前，以及不同的时段内变化都非常显著，那么根据赫尔曼的设想，很可能该领导人对环境因素特别敏感，只会在对当下情况经过详细研判之后才会采取行动。那么对这类领导人进行分析，就需要掌握更多的政府内部运行的实际情况才能得出合理的解释。不过这对学者而言，挑战可能更大。

　　本文对特朗普的分析远未完备，各种语料数量虽然已经很客观，但能让分析聚焦到具体时段和国家的语料数量还不够丰富。行为码分析和领导力特征分析的优势在于提供了比较高效，而且可以重复验证的分析过程，并且为和其他方法之间展开交叉验证提供了支撑。就政治领导人行为分析而言，要确保分析质量，定性和定量方法相结合的交叉验证路径将是未来努力的方向。更为重要的是，如何更有效地将心理分析的结果运用到对相关国家对外战略选择的理论研究当中去，在当前国际体系的变动时期，是一个更大的挑战。沃克和贺凯尝试以行为码分析为基础来解释国际秩序的变迁可看作该领域的一个最新发展。除了基础性的理论研究，如何将对领导人心理认知和领导力特征的认识运用到国家博弈的具体过程当中去也是一个亟待拓展的领域。

美欧跨大西洋联盟的战略协调之现实困难与未来前景[*]

陈新明　李源正[**]

【内容提要】　特朗普上台以来，特朗普政府的中国政策出现了新的特点，主要表现为中美战略竞争关系加剧，两国关系中矛盾的一面有所激化。虽然美欧跨大西洋联盟在制定安全政策时首先考虑全欧洲，但是中国持续增长的地区和全球影响力将不可避免地影响到美国和欧洲盟国的议题，跨大西洋联盟不能回避中国的防务政策，也不能无视中俄军事合作的继续发展。美欧针对中国的战略协调具有战略意义，它是西方影响世界秩序转型的重要资源，但在特朗普政府奉行"美国优先"政策的当下，这种协调的前提条件因现任美国政府政策的变化而明显减少，并导致了美国和欧洲盟国之间的重要分歧及协调困难。未来，美欧跨大西洋联盟针对中国的战略协调将会增多，但这种协调的命运将取决于联盟能否同中国结成有序竞争及合作的关系。

【关键词】　跨大西洋联盟　中国　美国　欧洲国家　北约　战略协调

中国既是亚洲也是亚太地区的重要国家，并且正在迅速成长为一个全球性大国，是当今世界上一支重要的战略力量。美欧跨大西洋联盟自第二次世界大战结

　＊　感谢《世界政治研究》匿名审稿专家的宝贵意见，笔者文责自负。
　＊＊　陈新明，中国人民大学国际关系学院教授；李源正，中国人民大学博士、人民出版社编辑。

束之后即是维系西方世界内部稳定的基石，随着中国的地区和全球影响力的持续增长，如何在涉及亚太地区特别是亚洲事务中处理好与中国的关系，是这个联盟无法回避的现实问题，然而，自特朗普上台以来，美国政府奉行"美国优先"战略，对多边合作持冷淡立场，政策的不确定性有所增加，美国与其欧洲盟友在一些重大问题上存在分歧，并导致美欧联盟针对中国因素的战略协调存在困难。这种战略协调的未来如何发展，是关系当今世界政治走向的重要问题。

一 特朗普政府的对华政策加剧中美战略竞争

特朗普赢得 2016 年总统大选，被认为是世界政治中飞出的一只"黑天鹅"，美国政府政策的不确定性显著上升，并引发了世界政治观察家的焦虑。特朗普上台初期，因国内激烈的党争，以及特朗普的反对派揪住有关"俄罗斯干涉"美国选举的话题不放，有关中国的话题一度被这些激烈争辩的话题所掩盖。在 2017 年 12 月美国发布的首份《国家安全战略报告》中，中国与俄罗斯一样被确定为美国的战略竞争对手，[①] 在 2018 年版的《国防战略报告》中，美国认为"中国将继续追求军事现代化，以便在近期取得印太地区的霸权，并在未来取代美国获得全球主导权……中国和俄罗斯现正在这个体系内削弱国际秩序，在从中受益的同时破坏其原则和规则。"[②] 但在 2018 年中期之前，美国对华政策的讨论并没有引起美国政治家和观察家意见的尖锐冲突。

但实际上特朗普有着强烈的重塑中美关系的意愿，这与他的商人本性和以商业思维处理政治议题的习惯密切相关。特朗普从不掩饰自己的对华认知，他执政以来逐步贯彻和兑现了自己的竞选纲领。从总统任期一开始，特朗普就对中国提出严厉要求，抱怨中国的不诚实竞争以及不履行承诺给美国在双边贸易中造成了巨额逆差，尽管美国的要求远不限于贸易领域。特朗普政府并不打算限于获得短期的战术收益，仅仅迫使中国更多地购买美国商品以缩减贸易逆差。相反，美国采取了一系列举措，目的是在战略上削弱中国的经济和地缘政治地位，护持和延

---

① "National Security Strategy of the United States of America," December 2017, p. 27, https：//www. whitehouse. gov/wp-content/uploads/2017/12/NSS-Final-12 – 18 – 2017 – 0905. pdf.

② "Summary of the 2018 National Defense Strategy," https：//dod. defense. gov/Portals/1/Documents/pubs/2018-National-Defense-Strategy-Summary. pdf.

续美国的霸权。进入 2018 年后，随着国会中期选举临近，特朗普政府试图扭转局势，承诺要更多关注中国给美国造成的问题与挑战。对特朗普而言，这种战术是其信念合乎逻辑的结果，同时也是赢得国会中期选举的现实需要。在此背景下，2018 年 7 月，美国发动了对华"贸易战"，中美关系中冲突的一面显著上升，由此直接导致了中美战略竞争加剧。

（一）特朗普政府挑起中美经贸摩擦

特朗普政府借经贸问题对华施压受到了多方面因素的影响，在一定程度上是美国对华政策共识的体现。

特朗普的内阁成员包括鲜明的"鹰派"和"温和派"。"鹰派"极力推动中美经贸摩擦升级。由美国贸易谈判代表莱特希泽、白宫国家贸易委员会主席纳瓦罗组成的政府"鹰派"不仅要求中国降低贸易盈余，还要求中国做出重要让步：在推行"中国制造 2025"时放弃国家补贴，停止侵犯美国知识产权，调查并追究那些实施侵占美国知识产权行为的人员责任，消除美国公司进入中国市场的障碍，进行更大的市场开放，美国有权单方面监测和评估协议实施并对认定的违反协议的行为进行单方面惩罚。财政部长姆努钦和白宫首席经济顾问库德洛则属于"温和派"阵营，他们的要价没有"鹰派"那么高，建议同中国达成贸易折中方案，以此避免两国间更激烈的冲突。这两派力量对特朗普总统都有影响，足以形成平衡，但是在最后时刻，天平倒向了激进路线的支持者一边。特朗普政府最终决定采取对华极限施压的策略，发动了对华"贸易战"。

支持以这种策略向中国施压的人不仅有特朗普总统和彭斯副总统，以及特朗普内阁负责经济事务的高级官员，还包括美国国家安全委员会中国事务主任伊勒特·比尔，以及美国国务院原政策规划事务主任基伦·斯金纳等级别较低的政府官员。2018 年 10 月 4 日，美国副总统彭斯在华盛顿智库哈德逊研究所就中美关系发表演讲时表示，中国推行与自由公平贸易不符的一系列政策，这些政策建立了中国制造业的基础，而以竞争对手特别是美国的利益为代价。[1] 2019 年 4 月 29日，斯金纳在华盛顿参加"未来安全论坛"时表示，国务卿蓬佩奥的团队正在制订一项针对中国的战略，该战略基于"与一个真正不同的文明作战"的理念，

---

[1] "Remarks by Vice President Pence on the Administration's Policy Toward China," https：//www. whitehouse. gov/briefings-statements/remarks-vice-president-pence--administrations-policy-toward-china/.

这在美国历史上将是第一次。① 支持对中国持强硬态度的不仅有行政人员，同时还包括美国国会的许多议员。可以说，对华强硬是两党共识，甚至民主党阵营里反对特朗普的人也同意有必要积极对抗"中国的傲慢自负"。例如，参议院民主党领袖舒默支持总统对中国的强硬立场，早在特朗普就任之初，他就敦促特朗普履行竞选承诺，宣布中国为汇率操纵国。舒默虽然在其他大多数问题上反对特朗普，但却认为特朗普对中国的行动在很大程度上符合他的看法，而奥巴马时期推行的对华政策与其主张差距更大。②

特朗普使中美经贸议题升温还有为共和党赢得 2018 年秋国会中期选举的考虑。特朗普多次表示有可能与中国达成贸易协定，以此试图为共和党人争取更多选票，缓和一些人因为政府逐渐加码的对华关税和可能的对华制裁而产生的不满情绪。针对企业界的社会调查表明，白宫发起的中美"关税战"确实是因美国商界围绕贸易利益的不同看法而起。白宫对华政策中对抗施压倾向的加强引起了美国商界的高度关注，因为许多大公司与中国存在密切的商业合作关系，在华拥有巨大商业利益。签署一项包含有中国妥协内容的双边贸易协定，摆脱中美之间新一轮"关税战"的威胁，从本质上来说符合美国商界的利益，尽管这未必会停止美国遏制中国技术发展的努力。由于 2019 年美国经济增长速度已经放缓，这时同中国进行持续的贸易冲突对美国而言"受伤感"更为明显，特朗普也有意愿同中国达成贸易协定，但前提是中国必须满足自己开出的条件。

鉴于在中美双边贸易中持有大量贸易盈余，中国不可能以类似提高关税的办法长期回应美国的贸易压力。两国经贸联系的不对称也不可能使中国采取镜像式办法回应美国的措施。但是，由于特朗普遭到美国建制派的反对，党争和不同政治集团之间的分歧似乎鼓励中国等待特朗普的下台。例如，在检察官穆勒的调查中，传讯长期担任特朗普个人律师的科恩，这些都使中国当局思考，是应该在经贸谈判中做出重大让步，还是应该继续等待，因为特朗普因美国国内形势的变化可能会最终无力坚持他原先的要价，无力实现关于双边贸易协定的承诺。

① Joel Gehrke, "State Department Preparing for Clash of Civilizations with China," https：//www. washingtonexaminer. com/policy/defense-national-security/state-department-preparing-for-clash-of-civilizations-with-china.

② Naomi Lim, Chuck Schumer, "I'm closer to Trump than Obama on Trade with China," https：//www. washingtonexaminer. com/news/chuck-schumer-im-closer-to-trump-than-obama-on-trade-with-china.

（二）特朗普政府全面实施"印太"战略

美国认为，中国的行为是想要在东亚取得优势并削弱美国在该地区的地位。一些西方学者认为，中国要在亚太地区建立一个包含经济联系机制、基础设施、规则协调、多边协商机构等在内的区域性国际体系；中国试图使这个区域性体系在最大程度上独立于美国主导的世界体系，希望使自己扮演中心角色，把美国排挤到边缘位置。日本政治分析人士、新加坡国立大学国际关系客座教授寺田贵认为，中国关于"区域全面经济伙伴关系"（RCEP）的倡议正是致力于实现这一目标。[①] 中国提出上述方案，是推动东亚地区一体化的重要举措，也是对冲早先美国奥巴马政府提出的"跨太平洋伙伴关系协议"（TPP）的举措。奥巴马政府曾经力推TPP，将其视为平衡中国地缘经济在亚太地区扩张的重要工具，但特朗普上任第三天，即签署了美国退出TPP的命令，尽管许多美国执政精英，包括美国国会的一些议员，都认为特朗普退出TPP协议的决定是错误的。与美国一度主导的TPP不同，RCEP由中国力推，它更多关注发展中国家的利益，计划在亚太地区达成有更高水平贸易自由化的制度安排。据寺田贵的看法，"中国利用自己擅长使用经济影响力和自身的对外经济政策来改造本地区的经济秩序以符合自己的政治和战略利益"。[②]

在废弃了奥巴马关于亚太地缘经济整合的TPP之后，特朗普政府继承并发展了奥巴马政府后期设想并推出的"印太"概念，这一概念旨在从更大的地缘空间内联合民主国家的力量防范中国。它设想以美国为核心，联合澳大利亚、日本和印度来共同维持地区现状，以回应中国的快速崛起。这一概念的突出特色即是把印度纳入平衡中国的地区力量框架之内，更多地借助印度的力量牵制中国。虽然中国官方对于美国"印太"概念的提出没有做出正式反应，可是中国政治分析人士对这个问题的分析非常引人注目。一些人认为，这一地缘政治设想是过于模糊的概念，无法对它进行具体直观的评判。另一些人则认为，它是前总统奥巴马提出的"亚太再平衡"战略在地理上的延续。一些政治分析人士将这一概

[①] Takashi Terada, "The Competing U. S. and Chinese Models for an East Asian Economic Order," *Asia Policy*, April 2018, vol. 13, no. 2, p. 20.

[②] Takashi Terada, "The Competing U. S. and Chinese Models for an East Asian Economic Order," *Asia Policy*, April 2018, vol. 13, no. 2, p. 23.

念视为美国推行的遏制中国全球战略的地区性回应。

但是，特朗普政府确实已将"印太"设想从概念上升到战略上，2019 年 6 月，美国国防部发布了《2019 年印太战略报告》，这是美国发布的第一份印太战略报告。该报告声明了美国通过做好准备、建立伙伴关系和促进区域网络化，实现对该地区稳定和繁荣的持久承诺。[①] 美国实施印太战略的重要意义在于，它基于竞争性或排斥性的目的，试图提供一个不同于中国在该地区发起的"一带一路"倡议的地缘经济备选方案。在 2018 年 11 月的 APEC 工商领导人会议上，美国副总统彭斯透露，在过去两年，美国公司在印太地区国家实施了超过 1500 个新项目和 610 多亿美元的投资。美国在该地区的投资总额已达 1.4 万亿美元，超过了中国、日本和韩国的总和。[②]

总之，从 2018 年中期以来，特朗普政府的对华政策使中美关系进入到一个全方位的战略竞争阶段，中美战略竞争的激烈程度明显加剧，且具有全面性、长期性的特点。

二 中国在跨大西洋联盟讨论议题领域中的地位

第二次世界大战结束以来，美国在对华政策实践的历史上习惯于依靠亚太地区盟国——日本、韩国以及澳大利亚。与在欧洲建立的集体安全机制不同，美国在亚太地区依靠一系列双边同盟来建设区域安全架构，通过离岸平衡和灵活反应来参与亚太事务。这种机制设计符合亚太国家间关系复杂、文化多元的实际，能够有效维护美国的霸权。但中国实力的空前壮大逐渐颠覆了美国的传统观念和地缘政治结构。越来越多的美国政治家和学者倾向于认为，中国的崛起有可能是美国自建国以来面临的最严峻挑战，而且这一挑战的规模如此之大，以至于不仅美国，而且包括欧洲在内的整个西方都需要对这一全球力量格局变迁做出全面回应。

中国的迅速发展迫使美国政界和学界要根据新的方式评估日益迫近的变化。

① "Indo-Pacific Strategy Report," https：//media. defense. gov/2019/Jul/01/2002152311/－1/－1/1/ DEPARTMENT-OF-DEFENSE-INDO-PACIFIC-STRATEGY-REPORT-2019. PDF.

② "Remarks by Vice President Pence at the 2018 APEC CEO Summit," https：//www. whitehouse. gov/ briefings-statements/remarks-vice-president-pence-2018-apec-ceo-summit-port-moresby-papua-new-guinea/.

正如美国战略与国际研究中心高级研究员斯蒂芬妮·西格尔（Stephanie Segal）
在国会听证会所言，1980 年中国经济的总体规模几乎只是美国的 1/10，但 21 世
纪初期它已接近美国的 1/3，在 2017 年更是超过了 2/3，力量对比变化的趋势很
明显。西格尔还认为，中国将继续以高于美国的速度发展。可以预见，中国的
GDP 总量将会在一代人的时间内超过美国。美国应该认真对待中国经济规模的
扩张，因为经济实力增强会使中国政府投入大量资源以实现自己的战略目标。①
一些美国政治分析人士认为，实力增强的中国将发起全球挑战，否定自由主义国
际秩序，而这是西方在现代国际关系中保持优势地位的基础，西方必须加强协调
以平衡中国潜在力量的增长。

　　中国在跨大西洋联盟的议题讨论中的作用比较微妙，它表现出原则上重要和
现实中乏力的特点，重对话轻协调、重呼吁轻落实。一方面，美欧都承认，中国
在国际事务中的作用不断增强，在亚太地区的影响力与日俱增，对华关系十分重
要。亚太安全问题，不能认为与中国毫无关系，也不能认为亚太安全在跨大西洋
联盟的议事日程中只占有微不足道的地位。在 2016 年 6 月发表的《欧盟对华新
战略要素》文件中，欧盟承认对华政策必须被置于更宽广的亚太区域背景之中，
美欧协调应该增强。② 据统计，世界上 40%—50% 的贸易运输要经过南中国海，
但这里的地缘政治紧张程度却在上升。一旦美中矛盾演变为军事冲突，就会构成
对国际市场和穿越该区域供应通道的现实威胁。因而，美国和欧盟高层在会晤
时，关于亚洲地区安全话题的讨论带有不定期的和偶尔的特点，通常是在该地区
出现了危机局势的时候才会进行。

　　如果说美欧之间在工作事务层面上偶尔会就亚太局势进行对话，双方在政策
层面的协调和联合计划实际上是缺乏的。例如，华盛顿曾经不止一次警告欧盟违
反武器禁运承诺出售武器给中国；对于欧洲在给中国提供军民两用技术领域的出
口管制制度的无效性，华盛顿也表达过不满。但美国在这方面对欧洲盟国的影响
显得乏力，欧洲并没有感觉到来自中国的安全威胁。欧盟在 2016 年通过了"共
同愿景、共同行动：一个更强大的欧洲"的外交与安全政策全球战略，承认

---

① Stephanie Segal, "Multilateral Economic Institutions and U. S. Foreign Policy," https：//www.
foreign. senate. gov/imo/media/doc/112718_ Segal_ Testimony. pdf.

② "Elements for a new EU strategy on China," p. 5, https：//eeas. europa. eu/sites/eeas/files/joint_ com-
munication_ to_ the_ european_ parliament_ and_ the_ council_ -_ elements_ for_ a_ new_ eu_ strategy_ on_
china. pdf.

"在欧洲的繁荣与亚洲的安全之间存在直接的联系"。① 这个文件清晰地表达了欧盟要在亚洲安全问题上发挥更积极作用的意愿，② 但在欧盟外交与安全政策高级代表费代丽卡·莫盖里尼（Federica Mogherini）给欧洲委员会和欧洲议会的定期报告中实际上并没有谈到任何具体问题，无论是关于亚太安全的关键问题，还是关于欧洲准备采取要解决这些问题的具体步骤。欧盟领导层更愿意回避与华盛顿在亚太地区的分歧及矛盾，特别是在中国问题上。实际上，欧洲国家中对于如何应对亚太地区局势，特别是涉及中国的议题，也缺乏统一的意见。

欧洲国家主要关注同中国发展经济贸易关系。中国是欧洲的重要市场和主要贸易伙伴，双方经济的互补性很强。在自身经济增长乏力、面临危机不断、英国脱欧的境遇下，与中国开展更密切的经济合作对于欧洲十分重要。与此同时，欧洲国家也认识到，在维护非洲和平、中东稳定、裁军、核不扩散、网络空间等国际安全问题上，在全球治理的某些问题上，诸如维护有效多边主义、应对气候变化、提供国际公共产品等问题上，中国与欧洲具有共同利益。③ 此外，欧洲一直视自身为国际关系中的一支"规范性力量"，坚持多极化的国际秩序主张，坚持多边主义，反对单边主义，希望在国际舞台上发挥自身的影响力，而这都离不开中国的支持。事实上，中国也认为"欧盟是国际格局中一支重要战略性力量"。④ 在某种程度上，中欧之间拥有的广泛共同利益决定了中国是欧洲抗衡美国可以联合的伙伴。2019 年 3 月，欧洲委员会及欧盟外交与安全政策高级代表莫盖里尼

---

① European Union, Shared Vision, "Common Action: A Stronger Europe, A Global Strategy for the European Union's Foreign and Security," http://eeas. europa. eu/archives/docs/top_ stories/pdf/eugs_ review_ web. pdf.

② 费代丽卡·莫盖里尼 2014 年 11 月正式就任欧盟外交与安全政策高级代表，她在 2015 年年初便提出，欧盟应该制定一个"新战略"，从而更有效地帮助欧盟制定政策，辨析优先议题，系统地运用各种政策工具服务于自身目标，并为遴选合作伙伴提供新的方向。经过一年多的意见征询与政策磋商，欧盟于 2016 年 6 月发布全球战略新报告《共有愿景、共同行动：一个更强大的欧洲》，该报告致力于制定"一致""全面"且"共同"的全球战略，特别强调地区性动力在国际秩序与地区秩序构建上的重要性，并分别探讨了欧盟在推动世界范围内"合作性地区秩序"中可以扮演的显著角色。参见 Federica Mogherini, "Preface, Toward an EU Global Strategy: Background, Process, References," https://www. iss. europa. eu/sites/default/files/EUISSFiles/Towards_ an_ EU_ Global_ Strategy_ 0_ 0. pdf, pp. 5 – 6; European Union, Shared Vision, Common Action: A Stronger Europe, pp. 32 – 39。

③ "Elements for a New EU Strategy on China," pp. 10 – 16, https://eeas. europa. eu/sites/eeas/files/joint_ communication_ to_ the_ european_ parliament_ and_ the_ council_ -_ elements_ for_ a_ new_ eu_ strategy_ on_ china. pdf. .

④ 《中国对欧盟政策文件》，http://www. xinhuanet. com/world/2018 – 12/18/c_ 1123868707. htm。

发表了一份名为《欧中战略前景》的文件，以评估欧盟与中国关系的前景，该文件虽然称中国是欧盟的"经济竞争者"和"全面系统的对手"，批评中国的南海政策，但在具体行动上只是建议欧洲在和平和安全问题上与中国加深接触，共同维护伊核协议的有效性。①

在特朗普入主白宫的前两年，亚洲安全话题一般不会进入美欧高层的对话内容，其原因在于华盛顿怀疑在亚太事务问题上同欧洲有效合作的可能性。更何况自特朗普当选以来，致力于这种合作的前提条件还在减少。美国政府更多关注美国利益，提出了"美国优先"口号，这在很大程度上挫伤了其欧洲盟友的积极性，欧洲关注跨大西洋联盟在世界政治复杂问题的谈判协商上的意愿有所减弱。

但是，华盛顿呼吁欧洲同自己协调立场以讨论中国在东海和南海的"地区扩张"，就中国在与一些邻国存在争议的岛礁上建设人工岛屿发出共同声音。特朗普政府并未能争取到以北约或者美欧双边发声的方式实现这一目标。但是，2017年5月在意大利陶尔米纳举行的七国集团峰会上，特朗普政府在上述问题上得到了主要欧洲大国的外交支持。这次会议通过了并不承担实际义务的政治声明，峰会通过的最后公报对中国东海和南海的局势表示关注，并"强烈反对单方面增加紧张的行为"。② 结果引起中国外交部的激烈反应。

北约是跨大西洋联盟进行安全合作的主要平台。多年来，中国和北约之间的关系实际上没有多大进展，只是在2009年之后双方关系才有所发展。根据布鲁塞尔倡议，当年中国和北约的军方领导人之间开始建立直接接触。从2010年起，双方军事代表团在工作层面上开始举行年度互访，中国军事和外交人员以短期培训的方式访问北约，而北约盟国的代表团也造访中国。中国和北约还合作打击亚丁湾和索马里沿海海盗。2015年11月在该海域举行的联合军事训练中，有中国和北约的舰艇共同参与。

2011年4月，北约外长会议通过《在安全问题上基于合作的积极协同行动：伙伴的更有效和更灵活政策》文件，宣布要以开放态度对待与欧洲—大西洋地

---

① "EU-China-A strategic outlook," pp. 3 – 4, https：//ec. europa. eu/commission/sites/beta-political/files/communication-eu-china-a-strategic-outlook. pdf.

② "G7 Taormina Leaders' Communiqué," http：//www. g7italy. it/sites/default/files/documents/G7%20Taormina%20Leaders%27%20Communique_ 27052017_ 0/index. pdf.

区之外关键大国的联合行动，其中包括中国，但是关于这类配合的决定应该根据每次合作的具体情况得到联盟政治高层的同意。① 亚太地区的主要国家——澳大利亚、韩国、日本都同北约签署过关于在军事—政治问题上的伙伴协议，包括在调解危机时的相互配合。但是，布鲁塞尔与堪培拉、首尔和东京建立联系并不能让中国放弃冷淡态度，中国尚未同北约和欧盟在安全领域建立起机制性联系。总体而言，由于北约和欧盟在关于东亚地区安全问题上扮演着不太明显的角色，欧洲也意识到"倾向于巩固同美国地区盟国的战略关系将损害到中国的利益"，② 但也没有与中国建立制度化联系的迫切要求。

在特朗普政府的推动下，北约对中国和亚太事务的关注逐渐增多。2019 年 8 月，北约秘书长斯托尔滕贝格在访问澳大利亚期间，代表北约与澳大利亚签署了一份新的伙伴关系协议，表示"有必要"在亚太地区部署军事力量，以对抗"中国的崛起"。③ 2019 年 12 月 4 日，为庆祝北约成立 70 周年而举行的领导人峰会签署了一份联合声明，承认中国崛起构成"机遇和挑战"。此外还将批准一份内部报告，就北约应如何处理对华关系草拟一份行动计划。④

中国对北约的态度很明确，中国认为北约是冷战的产物和残余，是作为自己主要竞争对手的美国领导的军事政治集团，是美国主导的世界秩序的基石之一。北约的存在妨碍着中国地缘政治利益的广泛展开。例如，中国从中东地区大量进口石油，北约在近东地区的军事存在威胁到中国的能源安全；中国在国际军火市场上参与竞争，但潜在买家要购买中国的防御性武器时就会受到北约的压力，北约就曾禁止土耳其从中国购买武器和军事技术。中国也坚决反对北约东扩，因为北约越靠近俄罗斯就意味着其军事设施越靠近中国边界。对于北约要把蒙古纳入联盟伙伴的范畴，中国政府表示担忧，这一步骤将增加西方国家靠近中国边境进行军事训练的可能性。

中国对北约也保持着警惕心理。中国不能无视北约在事关自身战略利益的重

---

① "Active Engagement in Cooperative Security: A More Efficient and Flexible Partnership Policy," https://www. nato. int/nato_ static/assets/pdf/pdf_ 2011_ 04/20110415_ 110415-Partnership-Policy. pdf.

② Luis Simon, "Europe, the Rise of Asia and the Future of the Transatlantic Relationship," *International Affairs*, September 2015, vol. 91, no. 5, p. 987.

③ "Remarks by NATO Secretary General Jens Stoltenberg at the Lowy Institute (Sydney)," https://www. nato. int/cps/en/natohq/opinions_ 168351. htm.

④ "London Declaration," https://www. nato. int/cps/en/natohq/official_ texts_ 171584. htm? selectedLocale = en.

要地区的存在和活动。北约军队，主要是美军在阿富汗的存在无疑影响到中国利益。2014年12月，北约正式宣布，驻阿富汗国际安全援助部队正式结束在阿的战斗任务，代号为"坚定支持"的北约在阿富汗非作战使命于2015年1月1日启动，其主要任务是为阿富汗安全部队提供培训、咨询和协助。2015年12月，北约外长会议决定2016年将继续执行代号为"坚定支持"的北约在阿富汗非作战使命，同时继续为阿富汗安全部队提供援助。中国认为阿富汗是"一带一路"建设的重要环节之一，开始积极参与阿富汗和平进程，试图从外交上寻求阿富汗政府与塔利班之间的和解，支持巴基斯坦在谈判进程中的调解努力。此外，一些北约盟国表现活跃的地区，虽然北约本身没有公开参与，例如叙利亚和近东许多其他国家，也关系到中国的军事—政治和经济利益存在，影响到"一带一路"建设的顺利推进。

三　美欧跨大西洋联盟关系中的中国因素和亚太地区安全问题

中国的发展壮大不同于北约以往遇到过的任何一类挑战。北约国家在评价这个进程方面表现出很大的意见分歧。对美国而言，中国迅速崛起被美国政治精英视为不断增长的威胁，对美国主导的西方在全球力量对比中占据的优势地位和享有的利益构成了严重挑战。例如，中国现在已经取代美国在一系列全球发展议题——从国际贸易到应对气候变化上扮演世界领袖的角色。欧洲盟国的看法则不同，它们认为中国崛起多半不是一种挑战，也不是对自身安全的军事威胁，反而提供了一种与世界大国发展关系时实现新的经济可能性的前景，虽然在一些情况下欧洲为争夺第三方市场与中国存在利益竞争和冲突。总体而言，欧洲盟国与中国之间不存在产生直接政治冲突的客观前提，它们不愿意看到相互关系陷于军事竞争的境地。

中国崛起对西方世界构成了严重和多方面的挑战，无疑，这种挑战必然存在于北约战略家的评估之中。但在联盟的官方层面，对这个问题往往是故意不说，甚至很少公开讨论这个话题。如果说中国崛起问题较为抽象不易讨论，那么在现实议题中，美国和欧洲盟国一般也会回避讨论与中国相互关系的话题，而主要原因并非地理阻隔。亚太地区与欧洲—大西洋地区确实在地理上相距遥远，但这并不能发挥决定性作用，阿富汗、伊拉克、利比亚同样处在北约的行动范围之外，北约却在这里采取了军事行动。实际上主要原因还是美国和欧洲盟友之间在看法上存在重大分歧，联盟内部对中国因素以及多少亚太地区安全问题是由中国因素引起的缺少共识。西方分析人士甚至假设有一种可能性，即"中国崛起导致跨大西洋联盟的破裂"①。跨大西洋联盟既没有在台湾问题，也没有在东海钓鱼岛和南海一系列岛屿及岛礁的领土纠纷上进行过协调。联盟成员宁愿回避讨论不合适的问题，尽管实际上在亚太地区没有任何一个严重的安全问题完全与中国无关。

亚太安全问题虽然没有被列入北约的议题范畴内，但北约并没有忽视这个地区。北约最初是通过"联系国机制"与亚太国家发展关系。"联系国"并不是北约成员国，也不是1994年建立的"地中海对话机制"和2004年建立的"伊斯坦布尔合作倡议"成员国。在2004年6月的伊斯坦布尔峰会上，北约表示，欢迎与一些国家以"联系国"的方式与北约在安全领域开展一对一的、互利的对话，愿意加强与澳大利亚的合作。② 2006年4月，北约外长会议开始讨论与北约传统防务区域之外的享有共同价值观的"联系国"建立更密切的关系。③ 在2006年11月的里加峰会上，美国和英国虽然提出了"北约全球伙伴计划"，但并未被其他国家接受，也未体现在《里加首脑会议声明》中，但在声明中提出要进一步推进现存的与"联系国"的各种合作项目，发展双边关系，提高北约提供建议和援助的能力，并基于包容、透明和自我区别的原则开展灵活的磋商。④ 在2008年4月的布加勒斯特峰会上，北约对澳大利亚、日本、新西兰、新加坡、韩国等国对北约在阿富汗行动的支持表示感谢，重申愿意与"联系国"进一步发展现存关系，并保持对建立新的个性化的联系的开放性。⑤ 2010年11月，在里斯本峰会上，北约提出新战略概念和增强北约的伙伴关系议题，合作安全与集体安全、危机管理被列为北约的三大核心任务。2011年4月，北约正式推出"新伙伴政策"，这为北约培育对于落实新战略概念至关重要的合作安全提

---

① Bechná Zinaida, Thayer Bradley A. , "NATO's New Role: The Alliance's Response to a Rising China," *Naval War College Review*, Summer 2016, vol. 69, no. 3, p. 66.

② "Istanbul Summit Communiqué," https: //www. nato. int/docu/pr/2004/p04 – 096e. htm.

③ "NATO's Partnerships," p. 9, https: //www. nato. int/docu/comm/2006/0611-riga/presskit. pdf.

④ "Riga Summit Declaration," https: //www. nato. int/docu/pr/2006/p06 – 150e. htm.

⑤ "Bucharest Summit Declaration," https: //www. nato. int/cps/en/natolive/official_ texts_ 8443. htm.

供了一系列新的工具，也为潜在和现实的合作伙伴塑造与北约的关系提供了机遇。① 2012年5月，芝加哥峰会进一步强调了北约的伙伴关系对于合作安全的重要性，北约的新伙伴关系政策成为北约最为重要的任务之一，北约还邀请了13个伙伴国参加了芝加哥峰会。在新伙伴政策下，所有与北约存在单独合作项目的国家都能够接触到一份新的"伙伴关系合作菜单"，这包括了多达1600余个项目。这项政策实施以后，巴基斯坦、伊拉克、阿富汗和蒙古也成为北约官网上列出的伙伴国。②

北约与亚太地区国家的合作涉及军事培训、交换情报、安全控制和打击海盗等方面。一些早期的合作扩展到美国领导的国际联盟在阿富汗的协调行动，尽管这种合作没有导致建立起北约—亚太地区的协调行动联合机制，可是在"伙伴国"的政策框架内，北约在几年前就签署了在军事领域与主要地区国家——澳大利亚、日本和韩国合作的协议。

北约还没有制定过针对亚太地区的战略。在亚太地区安全问题上，一方面，欧洲盟国缺乏应有的能力参与亚太安全事务。考虑到中国军事力量的规模，正如比利时政治分析人士西蒙·路易斯（Simon Lnis）所指出的，美国官方人士"对于欧洲盟国可能要投入到亚太地区高度紧张的军事冲突的场景持有非常怀疑的情绪"。③ 欧洲盟国里只有英国和法国在亚太地区拥有潜在投放力量（虽然比较克制）和政治外交资源，它们在太平洋有不多的舰艇和一些海军供给站，但这是极为有限的军事存在。美国更习惯于借助当地盟国和伙伴的帮助，因为日本、韩国和澳大利亚拥有超过欧洲国家的军事力量。另一方面，欧洲盟国也缺乏过度参与亚太安全事务的意愿，它们不想卷入到美国和中国可能发生的冲突当中。但是美国的观念正在发生变化，根据前总统国家安全事务助理布伦特·斯考克罗夫特（Brent Scomroft）的看法，华盛顿应该敦促北约盟国加强与亚太地区国家的对话和开展协调行动，"这样行动，美国将把自

---

① Rebecca R. Moore, "Lisbon and the Evolution of NATO's New Partnership Policy," *Perceptions*, Spring 2012, vol. XVII, no. 1, pp. 55 – 74.

② "Arif BAĞBAŞLIOĞLU, Relations With 'Global Partners' in the Framework of NATO's New Partnership Policy," *Security Strategies Journal*, vol. 10, issue 20, October 2014, pp. 49 – 83.

③ Simon Luis, "Europe, the Rise of Asia and the Future of the Transatlantic Relationship," *International Affairs*, September 2015, vol. 91, no. 5, p. 984.

己的大西洋盟国吸引到亚太地区战略问题上，并且以多种方式应对本地区出现的复杂问题"。①

欧洲盟国对于参与亚太安全事务的意愿差异较大。一些欧洲强国，如英国和法国，对亚太地区安全问题的兴趣更大。伦敦和巴黎同东京在安全领域里建立了"2+2"双边对话机制，②它们也参加在新加坡举行的一年一度的"香格里拉对话会"，这是亚太地区少有的各国都能参与的安全对话平台。美国的许多盟国——英国、法国、德国、意大利、丹麦、荷兰和挪威都参加了在太平洋举行的海上军事演习。一些北约盟国希望将在波罗的海和北大西洋开展的保护海上交通、实施水上防御对抗和空中防御对抗的训练所获得的经验复制到西方国家在太平洋地区使用武力遏制中国的行动中。另外一些欧洲国家，特别是波兰、波罗的海三国则更关注欧洲自身的安全问题，将俄罗斯视为北约面临的主要威胁，而东南欧国家则视中国为发展的机遇。西欧与东欧、欧洲的传统强国和较弱小的国家对北约的主要防务方向和安全议题的理解并不相同。

针对美国军舰在南海有争议的岛屿和岛礁附近开展示威性航行，一些欧洲盟国也表态要效法这一做法以维护航行自由原则。在2016年6月举行的第15届"香格里拉对话会"活动中，时任法国国防部长让–伊夫勒·德里安（Jean-Yves Le Drian）提议，希望欧洲国家的军舰基于协调原则在南中国海和亚洲其他海域开展可以看得见的巡逻任务。当前，法国、英国和荷兰的舰艇以维护南海地区的航行自由为由在南海水域进行了巡航，但它们是在单独行动而非同北约捆绑在一起的情况下实施的。香格里拉对话主办方、国际战略研究所亚洲执行董事蒂姆·赫胥黎（Tim Huxley）和澳大利亚麦考瑞大学国防安全和犯罪研究系主任本·史瑞尔（Benjamin Schreer）认为，美国不仅能够召唤澳大利亚和日本，而且还有自己的欧洲盟国，特别是英国和法国，在南海的中国人工岛屿周围12海里内实施海上行动以捍卫自由航行原则。③

与此同时，北约作为一个组织本身回避派遣海军代表团前往亚太地区。法

---

① B. Scowcroft, "The Atlantic Alliance Transformed," http：//www. acus. org/new＿ atlanticist/atlantic-alliance-transformed.

② 2018年7月，日本和欧盟领导人签署了日本—欧盟经济伙伴关系协定（EPA），该协定不仅涉及削减关税，消除非关税壁垒，更重在制定国际经济规则。2018年12月，欧洲议会通过了该协定。2019年2月1日，该协议正式生效。

③ Tim Huxley, Benjamin Schreer, "Trump's Missing Asia Strategy," *Survival*, May 2017, vol. 59, no. 3, p. 86.

国关于派遣打着欧盟旗号的类似代表团或者将欧洲国家舰艇纳入它在太平洋行动舰艇编队的建议没有获得伙伴国的支持。一些西方专家建议欧洲盟国军舰基于协调原则航行通过该地区海洋的有争议区段，并且与亚太地区的伙伴国开展联合海上军事演习。毫无疑问，实施类似建议得到了特朗普政府的赞同，但在欧盟的政治高层，这些想法没有得到支持，因为欧洲珍惜自己同中国的关系，不愿意同中国发生对抗。此外，欧洲盟国也避免干涉南海相关岛屿的领土争端。

除了认为中国在南海地区的主权声索是挑战外，美国还认为"一带一路"是中国的地缘经济工具。美国认为，中国正在利用经济手段，破坏一些国家的自主权，中国提供的资金附带有不可持续的债务、透明度下降、限制市场经济以及可能失去对自然资源的控制等限制条件。[①] 美国担心欧洲盟国容易受到经济实力不断增长的中国的伤害，担心中国借助"一带一路"把北约成员中的弱小国家纳入自身影响的轨道上。据一些西方专家的看法，在中国地缘经济工具的影响力下显得特别脆弱敏感的，是那些因金融问题负担沉重的西方国家，如希腊、西班牙、意大利和一些东欧国家。意大利、希腊、捷克、匈牙利已经同中国签署了关于共建"一带一路"的协议，而北约的其他成员国也有可能在之后参与这项倡议。据一些美国专家评估，包括黑山在内的八个国家获得了中国的贷款，可能会成为中国的债务国，因为提供这些贷款的条件是不透明的。某些西方观察家甚至宣称中国提出的"一带一路"倡议是中国为经济上弱小的伙伴国设置的"债务陷阱"。

美国认为，中国借助金融—经济杠杆在欧洲个别国家施加影响力，能够冻结在欧洲层面通过一些触犯自己利益的决议。例如，由于一些成员立场的缘故，欧盟没有通过支持 2016 年 7 月联合国国际海洋法庭判决的声明，该判决完全否认中国对南海一系列岛礁所宣称的权利，同样的事情也发生在 2017 年关于新疆维吾尔穆斯林权利的声明中。北约成员国中的意大利、匈牙利、希腊、捷克和黑山都是中国信贷和投资的接受者，除黑山外，其他四国也是欧盟成员国。它们曾经在欧盟层面否决了对中国不利的声明，自然也可能在北约内部否决不利于中国的

---

① "Statement of Admiral Philip S. Davidson, U. S. Navy Commander, U. S. Indo-Pacific Command before the Senate Armed Services Committee On U. S. Indo-Pacific Command Posture," https：//www. armed-services. senate. gov/imo/media/doc/Davidson_ 02 – 12 – 19. pdf.

决议和行动。

欧洲盟国在是否应该就中国和亚太地区安全问题同华盛顿进行政策协调，以及如果需要的话，那么应该在何种程度上进行协调等问题上依然存在分歧。英国历来致力于加强同美国及它们的地区伙伴的合作，并准备支持华盛顿在军事—政治上同北京的对抗。德国和法国采取更为灵活的立场，不愿承担义务，更倾向于扩大同中国的经济贸易关系，因为中国市场对于它们的经济而言具有重大意义。南欧和东南欧的意大利、希腊等国并不认为中国是自己的外部威胁，对它们而言，在承担北约的安全义务时不应把"中国话题"想象成紧迫问题。东欧国家也反对北约卷入同中国的对抗，不赞成同亚太地区国家建立同盟关系，因为担心这些行为会涉及对《北大西洋条约》第 5 条和第 6 条的传统解释，即联盟集体防务要保障欧洲安全。① 北约拓展范围可能从中抽走资源。

欧洲盟国欢迎中美之间的紧张关系降温，也欢迎亚太地区国际局势的积极变化，例如，它们欢迎朝鲜半岛南北双方缓和关系取得明显进展。欧洲不同于美国，在亚太地区没有军事政治利益。特朗普总统上台以来，倾向于把与盟国的关系看成是交易，而且常常把商业利益放在第一位，再加上他做决定的不可预测性，所有这些并不能促进欧洲国家在美国对华政策的旗帜下的协调与团结，反而使中国有可能防止在北约形成针对中国的协议，防止在美国战略中利用地缘政治联盟围困中国的图谋。

中美博弈是一个新兴大国和守成大国在全球范围内的博弈，欧洲已经成为中美争夺的重要区域。正如美国前国家安全事务顾问、普林斯顿大学教授范亚伦（Aaron L. Friedberg）的评价，"美国和中国之间外交竞争的规模不会局限于亚洲。中国现在试图利用自己持续增长的经济影响力（美国政策方针的不确定性）加剧欧洲内部的分歧，同样的策略也会应用到美欧关系上。美国应该投入更多努力以动员欧洲盟国的支持从而在亚洲实现共同的目标。"根据范亚伦的看法，现在这样做要比几年以后再做更容易，因为"许多欧洲政府现在同意美国对于中国在许多领域的政策方向表现出的担忧"。②

---

① "The North Atlantic Treaty," https：//www. nato. int/cps/en/natohq/official_ texts_ 17120. htm.

② Aaron L. Friedberg, "Competing with China," *Survival*, June - July, 2018, vol. 60. no. 3, p. 32.

四 跨大西洋联盟针对中国因素的协调
意愿在增强还是在减弱？

从法律层面来看，跨大西洋联盟并不具备针对中国因素开展协调的支持条件。1949 年 4 月签订的《北大西洋条约》是北约存在的法律基础，但它并没有赋予美国这样的法律依据，即在太平洋或者世界其他地区与中国可能发生的军事冲突中期待获得欧洲盟国的军事支持，条约中对北约的防务区域有明确规定——欧洲、地中海和北大西洋。[①] 但华盛顿的根据是，至少在亚太地区用非强力手段解决危机时，欧洲人应该站在自己一边。正如美国国务院负责东亚和太平洋地区事务的助理国务卿达尼尔·R. 拉瑟尔在 2014 年的一次会议上所言，由于美国在乌克兰局势问题上与欧洲表现出团结精神，那么欧洲在亚洲的重要安全问题上也应该与美国团结一致。

在美国看来，不与美国团结一致就是不尽职的表现，这具有不利的后果，特别是在特朗普总统一直指责北约盟国承担欧洲防务开支不力的时候，这种做法一定会给特朗普总统及其政策支持者关于跨大西洋团结精神的价值对美国是在不断贬值的说法提供新的理由。无论如何，在跨大西洋联盟的防务问题上，欧洲还没有足够的自主权，局面也不是由单方面塑造的。2017 年 8 月，德国总理默克尔在接受《商业》报纸发行人施泰因戈尔特采访时表示，在美国与朝鲜发生军事冲突时，德国不会无原则地支持美国，因为不是所有调解危机的外交可能性都已用尽。[②] 类似的表态说明德国并不信任美国政府的外交政策，但是这种表态未必能够得到华盛顿的理解，即便德国没有破坏自己承担的北约盟国义务。

德国就朝鲜局势向美国解释联盟义务的首要原因，是这个地区对于维护欧洲安全的根本利益并不具有决定性意义。这种解释肯定可以被看作德国忠于《北大西洋条约》第 5 条的传统解释，可是这种解释的"狭隘性"未必能够安抚美国。随着新的全球性挑战和威胁的出现，挑战常常带有非对称和网络状的特点（如国际恐怖主义和大规模杀伤性武器扩散等），要认真思考关于"集体防务"概念的边界。原条约第 5 条在联盟内部的解释应更灵活、范围更广。如西方作为

---

① NATO Manual, Office of Information and Press, Brussel, 2001, p. 671.

② Merkel, Uncut, Handelsblatt Interview, https: // global. handelsblatt. com/politics/merkel-ancut-817724.

在"乌克兰危机"之后提出的"来自俄罗斯的混合威胁"的概念就为这种讨论提供了新的案例。

德国的谨慎行为还源自冷战后北约军事行动地理范围扩大的趋势。冷战结束后，由于当时内部发生的争论，北约得出结论认为，为了保持生命力北约应该在条约规定的传统责任区以外扩大自己可能的军事行动界限。北约开始寻求转型，在1999年进行了第一轮东扩，并变得更像是一个政治俱乐部，而不是一个严格意义上的军事同盟。在"9·11"事件之后，反恐成为北约的一个防务目标，尽管它可能更适合维持地区和平而不是承担反恐责任。[①] 北约先后在阿富汗、伊拉克和利比亚发起了军事行动，这些行动最终酿成了2015年的难民危机，给欧洲带来了巨大冲击。由于华盛顿把朝鲜发展导弹和核武器列为对美国国家安全最危险的威胁范畴，一旦在这个区域发生军事冲突而缺少德国或者任何其他盟国的支持，将对欧洲在亚太地区的利益和跨大西洋联盟关系构成巨大冲击。

实际上，北约论证自己扩大防务范围的合理性的努力一直在继续。早在2010年3月，时任北约秘书长拉斯姆森在提交论证北约战略的预备方案时直接表示："在当代世界为了捍卫我们的原则，我们可能应该要超出我们边界。"[②] 他还以阿富汗为例论证了这一点。该方案在同年年底的里斯本峰会上得到批准。拉斯姆森关于支持北约在集团的条约责任区之外采取主动行动的建议是由一些西方智库提出的，特别是由美国前国务卿奥尔布赖特领导的高级研究中心。他们在为北约成员国领导人准备的一份报告中说，"北约应该保持足够的灵活和效率，为的是在远离自己边界的地方行动"[③]。但是，北约未必有能力扮演一种独立的角色去应对中国，特别是当考虑到在北约内部通过决议存在分歧，而许多欧洲国家极力想同中国保持伙伴关系时。

北约确实在美国国家安全战略中发挥着重要作用，但不应该把欧洲盟国在美国国家安全战略中的角色绝对化，美国对于北约的使用很灵活。一方面，美国因这样或者那样的理由能够给予一个同自己没有同盟义务关系的国家以军事支持。

---

① Manuela Paraipan, "A New Role for NATO," http：//www. worldsecuritynetwork. com/NATO/manuela-paraipan/A-New-Role-for-NATO.

② S. Erlanger, "NATO Urged to Look Beyond Borders," https：//www. nytimes. com/2010/05/18/world/Europe/18nato. html.

③ NATO 2020, "Assured Security；Dynamic Engagement," https：//www. nato. int/cps/en/natolive/official_ texts_ 63654. htm.

另一方面，正如美国政治学家布赫尔·兰德斯（Hal Brands）和彼得·D. 费维尔（Peter D. Feaver）的看法，美国为捍卫自己的利益在世界的关键地缘政治地区——欧洲、东亚和近东开展军事行动，即便同当地国家没有正式的联盟关系，因为不能让任何敌对国家在这些地区建立起自己的优势。① 北约与许多同美国没有军事同盟关系的国家开展过务实合作，例如，瑞典和芬兰是形式上的中立国，但在防务领域与北约进行紧密配合，从军事角度看它们已经与北约成员国没有多少差别了。它们与美国和北约开展更为积极和更大规模的合作，包括在同盟的各种合作框架内，甚至要超过那些希望成为北约成员或者是已经成为正式"联系国"的某些国家。②

从表面上看，亚太地区远离欧洲，欧洲盟国没有必要为距离自己边界数千公里之外的局势感到不安。但是亚太安全问题早已进入北约的视野，这有三个方面的原因：首先，北约活动区域扩大的长期趋势。在冷战结束后，北约不再将自己的行动区域局限于欧洲大西洋地区，21 世纪初其在阿富汗等地的几场军事行动就是明显的证据。其次，地区之间逐渐接近的客观趋势。全球化、经济和基础设施项目的跨地区一体化以及新的交流技术的出现（包括全球"互联网"的前景），政治—意识形态和信息网络结构的普及使得"遥远地区"的概念显得非常有限，这些现象和进程愈加使得地区相互之间更加接近，极大地加强了它们的相互依存度。最后，新兴强国崛起实施的战略选择。这个最典型的案例就是中国，它实施向西进行洲际扩展，通过中亚和南亚向近东、经过高加索向东南欧扩展。"一带一路"倡议通过建设从中国到欧洲的穿越不同地区的交通网，建立穿越亚欧大陆的基础设施，可以使中国在传统交通线之外获得通向外部市场的出口。一旦同美国在东亚发生军事冲突，它们能够成为中国获得必要原料和进行对外贸易的战略通道。中国希望最大限度地使本国与世界市场的交通联系多样化，以保障自己地缘政治和经济地位的稳定性。③ 这一选择是中国成长为全球性强国的必然要求，是中国拓展自身战略空间的必然选择。但这也对外部世界带来了挑战，使

① Hal Brands, Peter D. Feaver, "What Are America's Alliances Good For?" *Parameters*, Summer 2017, vol. 47, no. 2, pp. 17 – 18.

② О. В. Приходько, США и Политика партнерства НАТО, США & Канада: экономика, политика, культура, № 3, 2013, сс. 37 – 52.

③ Л. Б. Вардомский, Торговые связи с КНР и экономическое развитие Российских регионов Проблемы, *Дальнего Востока*. № 6, 2018, c. 75.

与中国因素关联的亚太安全问题逐渐全球化，这不能不使欧洲国家做出必要的反应。

虽然欧洲大国出于全球力量平衡的战略考虑，不赞同美国对待中国的做法和对亚太地区局势的评估，但美国还是竭力影响它们的行动，强调在北约框架内的安全与义务不可分割，尽管美国更多地关注自己的安全利益，对欧洲的安全不甚考虑。如果一旦美国和中国之间发生冲突，欧洲盟国会面临许多困难问题。例如，希腊债务危机发生时中国公司为它提供大量投资，希腊也接受了大量中国投资，如果华盛顿在危急形势下要求它收回中国公司对希腊港口比雷埃夫斯港的管理权限，希腊就会陷入困境。

因此，从实际层面来看，一旦中国在亚太地区与美国出现了军事冲突，欧洲盟国未必能够袖手旁观，因为它们同美国有集体防务的义务，即便是北约活动的法定行动空间并不包含这个区域。欧洲盟国的冷漠和不参与会被美国视为不尽职，这将使欧洲盟国承受来自美国的巨大压力。但是欧洲盟国参与的程度则要视国别而异，它们也缺乏持久的参与意愿。随着中国在欧洲影响力的日益增加，欧洲介入中美冲突的意愿还可能继续减弱。

五　跨大西洋联盟针对中国因素的战略协调的现实困难

自 1972 年尼克松访华以来，中美关系逐渐摆脱了之前 20 多年的对抗状态，进入到一个新阶段。美国形成了对华接触的战略设想：一方面，试图将中国纳入现行国际体系，推动中美在各个方面进行协调配合；另一方面，借助于部署在亚太地区的军事基地的足够力量，加强同盟国的合作，同东南亚国家结成紧密的伙伴关系，从而在亚太地区维持有利于美国的力量格局。从尼克松时代到奥巴马时期，美国对华政策的主流是接触战略。本质上，这一战略设想了一个跟随德国和日本脚步的中国。与这些国家一样，中国有望在以美国为主导的基于规则的国际秩序中接受其地位。[①] 这一战略取得了一些成效，中国确实部分地融入自由主义国际体系之中，特别表现为中国于 2001 年加入了世界贸易组织，参与到世界分工之中，并获得了利益。

---

① 格雷厄姆·艾利森：《注定一战：中美能避免修昔底德陷阱吗?》，陈定定、傅强译，上海：上海人民出版社 2018 年版，第 297 页。

但是，美国的接触战略有更深刻的内涵，它希望中国向美国所希望的西方自由主义的方向发展演变，最终成为奉行西方式民主体制的国家。许多美国政治家和专家有一种看法，认为接触战略并没有实现预期的目标，中国并没有向着西方希望的自由主义方向发展变化，也不认可美国在亚太地区和世界的霸权要求。例如，普林斯顿大学教授范亚伦认为，中美之间的矛盾除了利益分歧之外，意识形态（自由主义和权力主义）和价值观的对立也发挥了重要作用，它们各自对未来发展的期望、对未来世界秩序的认知并不相容，"由于它们之间的竞争更为强烈紧张，如上述，而紧张程度长时间缓和的概率更小，在相反情况下倒是概率更大"。① 范亚伦认为，必须认识到中国的挑战是全方位的，不仅在地缘政治、军事力量和经济统计数据方面。他强调说，中国还将赋予这样的竞争领域以思想和理念之争的重要含义，以试图影响西方国家的社会情绪，而此时，美国似乎并未充分估计到美中对立中思想斗争的作用。

考虑到中国的军事潜力，以及它的经济和地缘政治地位的明显加强，西方不得不重新思考自己同这个迅速崛起大国的关系。现在，西方已经认识到中国崛起初显的影响力，中国不仅持续影响到世界经济和金融，而且还影响到国际安全问题的广泛领域，从朝鲜半岛局势和亚太地区稳定到联合国在非洲的维和行动，以及军备控制和努力应对气候变化等非传统安全威胁。中国的快速崛起在客观上削弱了美国和欧洲在国际事务中长期垄断游戏规则制定权的能力。从更广泛意义上来说，中国崛起不仅影响到国际格局的变迁，还影响到世界秩序的转型，中国因素在不远的将来在美欧对话中将发挥主导作用。在跨大西洋专家团体中有越来越多的支持者信奉这样一种观点：西方如何应对中国崛起，很大程度上决定着正在形成的新的世界秩序的方向与性质。

一些人主张动员西方资源以遏制中国的强大，他们的根据在于来自中国的挑战具有长期性和战略性。但是对于中国崛起将改变亚太力量平衡，并有可能涉及跨大西洋集团的利益，北约和欧盟并没有清晰的认识。正因为如此，当美国提议进行遏制中国的战略协调时，美欧之间缺少协调一致的共同立场。欧洲国家避免采取那些原本他们在协商时应该追随美国对亚洲政策的立场，明显不愿意支持华盛顿与北京的政治—军事对抗。因此，跨大西洋联盟针对中国因素进行战略协调

---

① Aaron L. Friedberg, "Competing with China," *Survival*, June - July, 2018, vol. 60, no. 3, p. 9.

存在着不少困难。

首先，美欧利益的不吻合使这种协调缺乏共同的利益基础。特朗普政府认为，西方应该准备与中国进行全面的战略竞争，并且要利用所有的资源和影响力，包括外交、经济、信息资源和展示军力来平衡中国的影响力。特朗普政府的对华政策具有一定的对抗性，但是根据一些西方学者的观点，在战略形势继续变化的条件下，美国和欧盟在进行政治协调对待中国时，必须保证西方与这个新兴大国关系演化的最大稳定性和可预见性，必须防止发生那种可能会导致全球力量和影响力发生激烈重新配置的军事冲突。但是，来自中国的挑战对于北约盟国具有不对称性，美国和欧洲国家对于中国持续增长的力量有不同程度的接受意愿，这会阻碍跨大西洋联盟协调合作去对付中国，也会引发美欧在地缘政治议题优先次序上的分歧。

在一系列关于世界发展的关键问题上，欧洲和中国之间存在着更多共同点，这已超过美国与其北约盟国之间的共同点。例如，在维护世界市场的开放性，捍卫多边主义贸易框架，维护和发挥联合国、世贸组织等国际机构的作用，积极应对气候变化，维护 2015 年达成的伊核协议的有效性等方面，欧盟和中国的观点接近或者吻合。因为担心美国会绕开世界贸易组织而开始组建备用的新型贸易规则和贸易体制，欧盟还准备与中国在世贸组织改革问题上加强合作，发挥 2018 年中欧领导人峰会达成的世贸组织改革联合工作组的作用，[①] 以保证所有世界贸易活动的参与者有统一的游戏规则。

美国和欧洲的利益不吻合就赋予了中国一个施展手段的空间，以极力避免北约国家在中美发生冲突时采取联合行动。正如一些西方专家认为，中国可能试图削弱美国的地位，办法就是把更多的欧洲盟国置于美国的对立面。为了防止联盟内部的分裂，美国则要让联盟成员基于跨大西洋的共同规则和价值观形成对中国的协调立场。[②] 但是，对于坚持西方民主标准和价值观的呼吁与国家的战略、军事、贸易—经济和地缘政治利益的冲突是长久的。一些联盟成员出于现实利益考虑与中国积极发展关系，但却遭到了其他伙伴国的批评，说它们放弃了自由价值观，例如波兰、匈牙利和土耳其即属此列，而一些西方自由派也加入到这个行

---

① EU-China-A strategic outlook, p. 6.
② Bechná Zinaida, Thayer Bradley A. , "NATO's New Role：The Alliance's Response to a Rising China,"
Naval War College Review, Summer 2016, vol. 69, no. 3, pp. 70 – 71.

列，赞同特朗普政府的对华强硬政策。

其次，美国对外政策优先权的变化使美欧对这种协调的路径和方向的考虑存在差异。自第二次世界大战结束以来，维护跨大西洋联盟关系的稳定成为美国处理国际事务的战略基石。但随着中国的崛起，在美国政治精英中形成了一种共识，即为应对中国挑战而必须采取步骤以防止美国在国际体系中的地位受到进一步侵蚀。对美国而言，现在不是跨大西洋关系，中美关系才是美国处理国际事务的决定性因素。中美关系已成为美国对外政策的优先方向。但从 21 世纪第二个十年开始，美国对外政策优先权的变化并不为欧洲盟国所熟悉。为了能够影响盟国，美国实施长臂管辖，跨地区实施制裁性法律，迫使欧洲盟国追随自己的政策。2017 年 8 月 2 日，美国通过《以制裁反击美国敌人法案》（CAATSA），虽然直接指向伊朗、俄罗斯和朝鲜，但也为利用政治、金融和经济手段来影响那些不遵守美国制裁决定的第三国提供了国内法依据，美国据此于 2019 年 9 月对中国进行了制裁。[①] 欧洲盟国对这种变化以及未来可能会继续出现的变化还没有清醒的认识，它们只是开始明白新的地缘政治现实，但还不知道它是如何被改写的，仍旧继续恪守着从以往时代继承下来的理念及公理。美国所希望和要求的对华协调更多的是基于施压而非盟国意愿。

考虑到特朗普政府在处理国际事务时自私自利的风格倾向，许多欧洲国家领导人和政治理论家认为有必要在欧盟与亚太国家间就外交和安全问题进行制度性协调，以便在解决最重要的地区问题时摆脱美国的影响，并能够发出自己的声音。欧洲国家担心，华盛顿自己的行为可能会激发该地区的危机从而使欧洲利益受到威胁。欧洲不能不对美国学界一些人对美国政策制定的影响力上升保持警惕，这些人主张使用严厉措施应对"中国挑战"。一些美国专家关于对抗中国在亚太地区的军事潜力的建议措施中，甚至提到了有关在该地区进行美国核力量前沿部署的建议，这暗示了有可能由美国军人在负责操作，一旦有必要，"采取核武器的限制行动"。[②] 类似的行动计划很难得到欧洲盟国的支持，美国甚至没有考虑征求欧洲盟国的意见。欧洲在应对中国因素和亚太安全问题时，更希望通过

---

① CAATSA Section 231： "Addition of 33 Entities and Individuals to the List of Specified Persons and Imposition of Sanctions on the Equipment Development Department," https：//www. state. gov/caatsa-section – 231-addition-of-33-entities-and-individuals-to-the-list-of-specified-persons-and-imposition-of-sanctions-on-the-equipment-development-department/.

② Aaron L. Friedberg, "Competing with China," *Survival*, vol. 60, no. 3, June-July, 2018, p. 37.

对话、磋商和建立制度来约束中国，寻求问题的和平解决，而对使用武力和对抗则持慎重态度。相比之下，美国则更为直接，更具有现实主义色彩。

再次，美国在亚太的战略设计限制了协调空间。美国处理亚太安全问题的既有做法，其思维和操作方式在短时期内难以改变。美国一直通过一系列双边同盟条约建立以美国为中心的"辐辏"体系来主导亚太安全事务，对于欧洲国家参与亚太安全问题美国没有太多信心。2019 年 7 月，美国根据 2018 年版《国防战略报告》制定了 2018 年版《国家军事战略》概要，认为美国相对于任何潜在对手的一个非对称优势是其庞大的盟友和伙伴网络，美国将扩展印太联盟和伙伴关系，通过与地区关键国家的合作，将双边和多边安全关系整合起来，以保持国际体系的"自由和开放"。① 现在，华盛顿为制衡中国而继续利用同印度洋—太平洋国家的同盟国关系和伙伴国关系。美国在这里下了赌注，以便在美国—日本—印度—澳大利亚"四国"框架内建立紧密关系。为应对美国，中国也需要灵活地使用广泛手段去影响该地区国家，并防止出现一个以美国为中心的反华联盟。

特朗普政府扩大与欧洲和亚太盟国在网络空间控制领域实施针对中国的反侦察活动的合作。2018 年 7 月，在布鲁塞尔举行的北约峰会根据美国的提议通过了关于由联盟联合武装力量驻欧洲司令部下属的"网络空间操作中心"实施侦察的决议。② 可以想象，这个机构的活动将涵盖全球范围，而中国将成为它关注的主要对象。美国人将在这个中心发挥领导作用，在网络空间控制领域新的美国战略允许采取攻击性措施以应对敌对力量，包括阻止它们的网络攻击。

复次，特朗普政府的"美国优先"战略打击了协调热情。跨大西洋协调体现了美国承担防务责任，它建立在多边主义以及美国在一定程度上发挥"利他"功能的基础之上。但特朗普政府的"美国优先"战略明显将美国自身的利益凌驾于盟友的利益之上，以商人般的精心算计来谋求蝇头小利，重实利轻道义、重双边轻多边的做法使特朗普政府难以赢得盟友的信任，进而使欧洲国家与美国进行协调的热情大打折扣。

特朗普政府或许设想过组建"全球民主国家联盟"以遏制中国，但却因自

---

① "Summary of the 2018 National Military Strategy," pp. 8 - 9, https：//dod. defense. gov/Portals/1/Documents/pubs/2018-National-Defense-Strategy-Summary. pdf.

② "Brussels Summit Declaration," https：//www. nato. int/cps/en/natohq/official_ texts_ 156624. htm? selectedLocale = en.

己自私自利的做法，单方面做出决定和行动使得许多盟国和伙伴国与美国离心离德。美国的许多政治家和专家批评特朗普，说他频繁发起贸易摩擦，拒绝与欧洲和亚太国家缔结多边贸易条约。他们认为，如果美国能够牵头达成这样的协议，就可以使美国的盟国在最小程度上去接近中国的市场。相反，特朗普的举动在肢解战后国际秩序，脱离自由主义模式的世界经济秩序，使得欧盟倒向了有可能根据新的看法在"大欧亚"框架内与中国进行合作的一边，包括与上海合作组织建立关系的想法。

为应对美国面临的威胁和挑战的负担的持续增大，特朗普要求欧洲盟国在涉及西方利益的亚太地区和其他地区的局势方面进行更加积极的合作。但是，目前美国政府对待国际事务的独特做法，它与欧洲新自由主义原则的不兼容性导致美欧之间的尖锐对立，这都极大地限制了美欧协调集体应对"中国挑战"的可能性。特朗普政府只强调美国利益优先，强调盟国对美国的义务，这种权利归己、责任归人的利己主义做法无疑不利于美欧协调。

最后，全球战略关系的复杂互动削弱了协调能力。特朗普上台以来，先后退出《中导条约》等一系列攸关全球战略稳定的重要军控机制，使全球战略关系复杂互动，这种复杂化的全球战略态势事实上削弱了美欧的协调能力。鉴于中国在地区和国际安全领域不断增长的影响力，北约不可能把注意力从中国移开。但是，国际金融危机以来欧洲面临着多重危机，欧洲国家认为威胁来自北约南部边界的恐怖主义和正在发展的难民危机，以及乌克兰危机，因而需要将北约的伙伴关系资源转向中东、乌克兰、格鲁吉亚和摩尔多瓦。[①] 这削弱了欧洲国家深度参与东亚地区安全问题的意愿，东欧国家极力渲染俄罗斯的威胁，欧洲大国极力避免卷入美中在亚太地区的对抗。然而，考虑到中国和北约在国际安全领域的巨大影响力，它们未必能够在利益交织的问题上回避双边协调和配合，诸如打击第三国境内的国际恐怖主义和非洲沿海的海盗等。

跨大西洋联盟优先考虑的安全事务是欧洲安全问题，然而随着中国的地区和全球作用不断增强，它必将愈加频繁地进入美国和欧洲盟国的议事日程。北约不能无视中俄军事合作的发展，特别是这一合作已经触及欧洲。2017年7月，中俄首次在波罗的海举行海上军事演习。2018年4月，中国新任国防部长魏凤和

---

① Rebecca R. Moore, "NATO's Partners in the Asia-Pacific: Casualties of the Pivot Toward Europe?", https://theasiadialogue.com/2017/05/24/natos-partners-in-the-asia-pacific-casualties-of-the-pivot-toward-europe/.

首次出访即选择了俄罗斯。2018年9月，中俄举行了"东方－2018"战略演习，这是两国首次举行联合战役指挥演练，两国国防部长在会谈后决定定期举行这种演习。① 中俄在安全上需要相互支持，在现在和可见的未来，中俄将相互作为战略后方。两国地理的相邻和当代世界政治的现实为共同的利益提供了广泛空间。中俄关系处于历史最好时期，尽管存在交易的色彩但却有对抗美国共同的基础。有美国专家认为，自我利益和交易动机是中俄战略关系的阻碍因素，但是两国在多大程度上感受到来自华盛顿的威胁则使美国扮演了中俄关系催化剂的角色。② 对抗美国霸权只是中俄协调的动机之一，两国在国际关系的重要问题上协调政策，这本身对全球战略关系就有重要影响。

特朗普总统并没有放弃让俄罗斯离开中国的想法，会时常谈论愿意与莫斯科改善双边关系的话题。美国国会而非政府是对俄罗斯施加政治和制裁压力的首要倡导者。但在对待中国方面，局势则是另一种情形：在制定严厉政策和通过反对中国的立法方面，恰恰是白宫扮演着首席提琴手的角色。中国干涉美国事务的话题有可能将会是特朗普在2020年美国总统大选的主要话题之一，他曾经在2018年秋季中期选举中利用这个话题。但是，在美国政治精英集团实际上分裂为两个对立阵营的现实中，炒作中国因素或者俄罗斯因素可能会使这个团体内部继续发生分裂。

美国在国际事务中的战略目标并未因冷战结束而发生变化，即防止任何敌对大国或者国家联盟在欧亚地区直接或者间接地获得经济和地缘政治主导地位。美欧联盟针对中国的战略协调，据西方分析人士的看法，是西方影响世界秩序转型进程的重要但未使用的资源。但是，类似协调配合的前提条件由于特朗普政府的"美国优先"政策而减少，这引起了美国与盟国的严重分歧。在奥巴马总统时期，美欧跨大西洋关系可能处于最好的时期，美国先是提出"重返亚太"，而后正式提出"亚太再平衡"战略，这是美国对中国实力增强而做出的特有的、超乎寻常的、罕见的反应。在目前条件下，考虑到特朗普总统外交哲学的特点，他虽然向欧洲提出了许多要求，但大概可能并不指望美国对亚洲的政策能获得跨大

---

① "Russian and Chinese Defence Ministers Inspects Command Posts at Vostok 2018," http：//eng. mil. ru/ en/news_ page/country/more. htm？ id = 12195206@ egNews.

② "Russia And China Will Now Hold Military Exercises 'On A Regular Basis'," https：//taskandpur-pose. com/russia-china-military-exercises.

西洋联盟另外一方对亚太重要性的估量。很显然,跨大西洋联盟针对中国因素的战略协调存在困难,这种协调的前景令人关注。

六 跨大西洋联盟针对中国因素的战略协调的前景展望

中国与美欧联盟相互关系的现实在于:它们相互视对方为"异质"文明,并且这种观念愈加影响到自身的物质利益和精神认知,从而产生了严重的不适感,甚至会觉得对方是一种现实的挑战和威胁。一方面,中国因其自身经济影响力和地缘政治影响力的持续提升而愈加明显地感觉到自己受到来自美欧跨大西洋联盟的限制乃至充满敌意的压制,这种感觉虽然还说不上已经达到了愤怒与难忍的地步,但是不适感却是明显存在的;另一方面,跨大西洋联盟认为它们针对中国崛起的战略协调是西方应对世界秩序变化的重要资源和工具,所以它们以深切忧虑的心态看待中国崛起,认为这是前所未有的新挑战和新威胁,于是采取限制和压制行动就成为顺理成章的想法及做法,尽管不同成员可能对具体的应对方式存在认知差异。

可以肯定的是,中国将会继续壮大,也将会愈加感受到跨大西洋联盟的限制或者刻意压制,从而也会调动资源和力量进行抵制;与此同时,跨大西洋联盟虽然存在协调的困难,但也会努力克服困难加强协调,联盟绝不会心甘情愿地主动撤除针对中国的限制及压制举措。那么接下来的问题就是:跨大西洋联盟针对中国因素的战略协调的最终边界在哪里?

可以认为,中国和跨大西洋联盟之间如果在亚太地区能够形成一种既有竞争又有合作的关系,那么,联盟内部的战略协调将继续存在,因为这是中国和美国及其欧洲盟国三方均能接受的现实。换句话说,如果跨大西洋联盟想要保持内部团结和协调持续,就要致力于促成中国和跨大西洋联盟之间形成既有竞争又有合作的格局。反之,中国和跨大西洋联盟之间如果在亚太地区的竞争失去控制,陷入无序竞争的局面,那么风险会显著增大,甚至会造成区域性冲突并危及世界和平,而且美欧联盟内部的协调配合也将破产,可能导致美欧联盟中的个别重要国家脱离联盟并且成为中国的盟友。如果这一前景是可能的,那么不仅联盟的内部团结将成为难题,联盟也存在裂解的风险。

得出上述结论并不是纯粹的主观猜想,这主要是基于亚洲复兴所带来的深刻影响，以及中国和平崛起的战略选择得出的结论。

第一，亚洲的重要性。世界正在发生巨变，亚太地区已经成为世界经济最具活力的地区，世界政治中心迟早也会转移到亚太地区。中国既是亚洲又是亚太地区的重要国家，所以美欧同盟不同中国进行合作是没有出路的。当前，西方新自由主义思想所主张的自由市场经济正在隐退，西方行为准则和价值标准的影响力正在减退；关于世界正在进入"亚洲引领"时代、世界正在进入"亚洲世纪"的话题成为讨论的热点。有学者将亚洲界定为地缘经济概念，其范围西至阿拉伯半岛和土耳其，南至澳洲和新西兰。"现在，亚洲经济圈占全球国内生产总值的50%，同时占全球经济增长 2/3 的份额。世界中产阶级的消费额在 2015—2030年有望增加到 30 万亿美元，其中欧洲的中产阶级预计只占 1 万亿美元，其余的绝大部分都来自亚洲。亚洲无论是生产、出口还是进口、消费的商品数量都超过其他地区，亚洲各国更多与其区域内国家（而非欧洲和北美）进行贸易和投资。亚洲拥有世界上几大经济体，持有世界的大部分外汇储备，经营着许多大型银行以及工业、科技公司，同时坐拥世界上最强大的军队。全球 60% 的人口在亚洲，亚洲人口是欧洲的 10 倍、北美的 12 倍。随着世界人口逼近 100 亿，亚洲人口将永远多于其他各洲人口的总和。亚洲现在有了发言权。"①

第二，亚洲具有多样性。今天亚洲在经济生活方面至少呈现出四个部分：一是发达的亚洲，包括日本、韩国、新加坡等所谓的发达国家，还包括更广泛地理范围内的澳大利亚、新西兰，这些国家向邻近地区提供资本和技术。2013 年到2017 年，相关国家占亚洲地区外国直接投资的 54%。越南的外国投资有 33% 来自韩国，缅甸 35% 和菲律宾 17% 的外国直接投资都来自日本。二是中国，中国是该地区的经济之锚，为邻近地区提供了联通和创新的平台。中国 2017 年专利申请量占全球的 44%，充分体现了其快速增长的创新能力。② 三是以东南亚为中心崛起的亚洲，它们仍然有大量劳动力，提供了长期增长的可能性。四是亚洲待开发的处女地，主要代表是印度。它是潜力巨大的国家，承接着大量来自其他地区的投资，也蕴藏着成为消费市场的巨大可能性。

"亚洲的多样性"不是什么新鲜的提法，但它比通常意义上理解的地理、历

---

① 帕拉格·康纳：《亚洲世纪：世界即将亚洲化》，丁喜慧、高嘉旋译，北京：中信出版社 2019年版。

② 华强森、成政珉：《21 世纪将属于亚洲》，《参考消息》2019 年 10 月 12 日。

史、宗教、语言、经济和文化上的多样性有更深远的意义。今日亚洲的多样性不再是一盘散沙，各自为战，而是相互补充、相互完善的多样性。亚洲的多样性是亚洲的特色所在，是根深蒂固的文明延续，历史上、现在和将来永远也不可能由少数几个国家将亚洲整合起来，以阵营化的方式搞对抗，像两次世界大战时期的欧洲那样出现两大军事集团的对立和厮杀。壁垒森严的集团式对抗不仅在军事上和安全上不大可能，即便是在经济上也不可能出现这种集团对立的现象。

第三，亚洲的亚洲化并不意味着中国化。在历史上，中国是一个东亚大国，是东亚区域国际体系的中心，对东亚国家影响最大，后来随着朝贡体系的瓦解，东亚国家逐渐脱离了中国的影响。亚洲的多样性意味着亚洲的亚洲化，而不是亚洲的中国化。亚洲化使得亚洲国家的自主性不断增强，这意味着它们处理内政外交时将会更多地从自身利益考虑，更少地屈从于来自外部的威逼利诱。自改革开放以来，中国经济快速发展，8 亿多人口摆脱贫困，国家整体面貌发生巨大变化，是人类历史上的经济奇迹，也令亚洲国家称羡有加。可是，中国的经济奇迹得益于超强政府实施出口、投资和基建政策推动经济高速发展。支撑中国快速发展的条件在其他国家很难同时具备，单论超强政府这一点就令亚洲国家望中兴叹。因此，亚洲发展中国家只能羡慕，却很难将中国的经验学到手。换句话说，中国奇迹及其发展模式无法复制拷贝。另外，中国提出的"一带一路"倡议，沿线国家有的表示欢迎，有的则表示谨慎。"亚洲的地缘政治现状告诉人们，因邻国和国家内部反对势力的顽强抵制，地区霸权很难维持，更别提永久霸权……亚洲将一直拥有众多独具特色的文明，其中许多文明，包括中国、印度和伊朗，都有历史中心主义和排外的特点"。[①] 对于强大的中国提出的发展倡议，亚洲一些国家必然会从地缘政治角度进行考虑和评估，美欧联盟误解亚洲会中国化是出于它们不了解亚洲的多样性，低估了亚洲在亚洲化。

第四，亚洲不太可能完全彻底地排斥美欧存在。如果说欧洲化是 19 世纪世界的特点，美国化是 20 世纪世界的特点，那么亚洲化将是 21 世纪世界的特点。美欧介入亚洲事务已经有两个世纪了，其间亚洲因借鉴和学习美欧而加快了自己的发展进步。亚洲的多样性意味着亚洲实现了继承传统与吸收外来的结合，正是这种结合使亚洲的多样性具有新的时代特征。全球国际体系在 20 世纪初形成后，

---

① 帕拉格·康纳：《亚洲世纪：世界即将亚洲化》，第 50 页。

第二次世界大战时期日本军国主义的"大东亚共荣圈"政策遭到彻底失败，战后亚洲一些国家的经济繁荣在很大程度上是亚洲和美欧共存共荣的结果。战后的历史启迪人们，需要继续发展的亚洲不太可能完全彻底地排斥美欧的存在。在21世纪，亚洲国家的自主性固然会不断增强，可是亚洲人的务实主义风格决定了它们仍然会同美欧和睦相处、共享繁荣。

第五，中国寻求和平崛起的态度。中国领导人深知中国历史的经验和教训，一直强调中国坚定不移走和平发展道路，不谋求霸权，不谋求扩张。在庆祝中华人民共和国成立70周年之际，中国国务院新闻办发布了《新时代的中国与世界》白皮书，进一步对于中国的内政外交做了说明和解释，白皮书再次强调了中国坚持和平发展道路。它指出，中国不"输入"外国模式，也不"输出"中国模式，不会要求别国"复制"中国的做法；中国绝不走"国强必霸"的路子，无论自身如何发展，中国永不称霸、永不扩张、永不谋求势力范围。白皮书对于中国的角色做了定位和解释，它指出，中国的发展离不开世界，世界的和平发展、繁荣稳定离不开中国；中国始终把自身发展置于人类发展的坐标系中，始终做"世界和平的建设者、全球发展的贡献者、国际秩序的维护者"。① 中国政府的宣示说明它有意愿解决同跨大西洋联盟之间的分歧矛盾，继续寻求合作。美国政府越了解中国的目标，就越能为解决分歧做好准备。②

总之，跨大西洋联盟针对中国因素的战略协调的未来命运，将取决于同盟能否同中国结成有序竞争及合作的关系。这在很大程度上取决于西方是如何应对中国崛起的。战略竞争关系将长期存在，但如何管控好这种关系，并使其避免滑向对抗的轨道，是西方有识之士需要认真思考的重大课题。

---

① 中国国务院新闻办：《新时代的中国与世界》，北京：人民出版社2019年版，第34、35、53页。
② 格雷厄姆·艾利森：《注定一战：中美能避免修昔底德陷阱吗?》，第314页。

货币权力与美欧竞争[*]

刘明礼^{**}

【内容提要】 货币强国能够获得主导国际货币体系、干预他国经济安全、影响他国外交与安全政策、威胁国际货币体系等权力。这些权力不仅是国家实力的体现，更是实现国家利益的工具，因而极具吸引力和诱惑力，成为大国、强国（国家集团）争夺的对象，彼此间会由此产生竞争行为，本文称为"币权竞争"。回顾近代历史，币权竞争主要在美欧之间展开，主要体现在布雷顿森林体系的建立和解体、欧元诞生及对美元的冲击、美国金融危机后向欧洲转移风险等重大事件中。本文认为，美欧之间的币权竞争的性质是"合作性竞争"，而不是零和博弈的"破坏性竞争"。展望未来，在全球市场中，两者的竞争将持续激烈，双方都会竭力增强自己货币的吸引力。但在政府间关系层面，这一竞争尚不至于演变成"高政治"领域的外交对抗。当然，风险不能完全排除，潜在的冲突点可能是欧洲在中东推广欧元走得过远，以及长远看其在支持人民币国际化问题上的立场。

【关键词】 美元 欧元 货币政治 币权竞争 美欧关系

货币作为一种经济现象，长久以来都是经济学家研究的课题，但经济学家常常是在既定的框架下研究效率问题，也就是如何利用汇率、利率、货币供应量等

---

  * 匿名评审的意见和建议对文章的修改和进一步论证富有建设性，笔者在此致谢，文责自负。
 ** 刘明礼，中国现代国际关系研究院欧洲所副所长、研究员。

工具实现经济效益最大化，而在货币问题的背后，是复杂的政治利益博弈。[1] 本文利用国际政治经济学方法，从理论上分析货币在国家间或者国家与国家集团间会衍生出哪些权力，探讨美欧作为两大国际行为体，围绕这些权力如何进行竞争，以及从这些竞争中可以总结出哪些规律，用于帮助我们对未来做出判断。

一　理论探讨

从国家层面看，政权要保持稳定，必须牢牢控制货币权力，包括确定本国的货币体制、货币发行量、利率水平、汇率机制、外汇管制，等等。很多国家都把国王或者开国元勋的头像印在货币上，以象征权力。[2] 但从国际层面看，一个国家完全享有货币主权在很大程度上是一种"幻觉"。随着历史进程的推进，尤其是全球化进程的发展，国与国之间的联系愈加紧密，实际上绝大多数国家都无法完全掌控自己国家货币的汇率、利率和发行量，也就是说丧失了部分币权。中国工商银行副行长张红力认为，较高的专业门槛和技术含量实际上掩盖了一个事实，即国际金融市场和国际货币体系的运转在一定程度上是由霸权力量推动的。[3] 币权不仅存在于国家层面，也存在于国际层面。从近代史看，国家之间围绕币权归属，进行着激烈的竞争。一个国家如果能掌控币权，便可借此对其他国家施加影响，推行对本国有利的对外战略，实现自身的国家利益，这其中既包括经济利益，更包括政治和安全利益。国家（国家集团）间围绕货币权力开展的竞争行为，既包括货币权力的争夺、维系，也包括货币权力的运用，本文称为"币权竞争"。具体而言，货币权力可以归结为以下四个方面，或者说是四种表现形式，也可以称为"四大权力"。

（一）主导国际货币体系

从世界经济的发展进程看，随着国与国之间经济联系的日益紧密，建立国际货币体系是处理国与国经济关系的必然需要，而国际货币事务的主导国可以在这

---

① 何帆：《货币即政治》，载巴里·埃森格林：《嚣张的特权：美元的兴衰和货币的未来》，陈召强译，北京：中信出版社 2011 年版，第 xi 页。

② 王湘穗：《币权：世界政治的当代枢纽》，《现代国际关系》2009 年第 7 期，第 3 页。

③ 张红力：《金融安全与国家利益》，《金融论坛》2015 年第 3 期，第 4 页。

种安排中发挥关键作用，使得规则对自己更有利。国际政治经济学家罗伯特·吉尔平认为，由谁来支配国际货币体系的准则和惯例，将对各国权力分配产生重大影响，因而各国都努力让体系服务于自己的利益。[①]

　　一个国家通过主导国际货币体系，可以获得一定的权力和地位：第一，该国能够主导国际货币体系的规则，使之服务于自己的战略目标。游戏规则至关重要，它决定了各国在游戏中的地位以及利益分配。美国学者罗伯特·基欧汉的"霸权稳定论"可以说明这一点。这一理论对国际机制进行了深刻分析，认为第二次世界大战后美国经济实力相对下滑，但美元依然能够处于霸权地位，这在很大程度上得益于国际货币体系的制度设计，制度的"惯性"让美元地位得以保持。[②] 王湘穗教授从权力的角度分析了掌握规则制定权的重要性，认为每一个时代都有自己的代表性权力，金融全球化时代的代表性权力是币权，也就是核心货币国家和世界性金融机构通过全球货币体系的设计和运行去控制及影响当代世界体系的权力。[③]

　　第二，主导国能够有自主的宏观经济政策，追随者的货币政策在很大程度上要受到主导国的影响。除了世界核心货币发行国外，绝大多数国家都无法完全掌控自己国家货币的汇率、利率和发行量，并承受着国际货币市场波动带来的汇兑损失和金融风险。更为重要的是，普通国家的货币主权受到跨国界流动资本的不断侵蚀甚至丧失，而核心货币国家和金融机构则得到了支配当代世界的权力。[④] 比如在第二次世界大战后美国主导的国际货币体系中，美联储一旦进行货币政策调整，全球都势必受到影响。而其他"不重要"的经济体调整货币政策，对美国的影响可以说是微乎其微。

　　第三，主导国可以享受"铸币税"的好处，特别是在使用信用货币的今天更是如此。美国铸币局"生产"一张百元美钞成本仅几美分，但其他国家要获得一张百元美钞，需要提供价值相当于 100 美元的实实在在的商品。这意味着，这些商品将被美国长期无偿占有。不仅如此，除了现金和电子货币外，由于美元

---

① 罗伯特·吉尔平：《国际关系政治经济学》，杨宇光等译，上海：上海世纪出版集团 2011 年版，第 111—112 页。
② 罗伯特·基欧汉：《霸权之后：世界政治经济中的合作与纷争》，苏长和、信强等译，上海：上海世纪出版集团 2012 年版，第 200—203 页。
③ 王湘穗：《币权：世界政治的当代枢纽》，第 3 页。
④ 王湘穗：《币权：世界政治的当代枢纽》，第 3 页。

的特殊地位，美国还可以以低利率向世界发行国债和机构债券，这实际上也赋予了美国政府和机构低成本融资的权力。

从历史上看，崛起的大国，甚至是中等强国，一旦有机会也都尝试了建立属于自己的货币体系。英国是第一个主导建立国际货币体系的国家，也是运用这一权力的经典案例。英国在产业革命的帮助下崛起后，利用其主导建立的国际货币体系在世界层面推行其倡导的"自由贸易"。在"不列颠治下"时期，在英镑主导的国际金本位制下，全球贸易迅速扩展。在这一案例中，我们可以看出，英国利用自身主导的国际货币体系，成功帮助其实现了在"全世界"推进自由贸易的战略目标。除英国外，在世界范围内算不上最强大，但也有相当实力的强国，也纷纷尝试建立自己主导的区域性的货币体系（参见表1）。

表1   19世纪以来尝试主导国际货币体系的国家

主导国家	主导货币	货币体系名称	时间	范围
英国	英镑	国际金本位制	19世纪70年代至20世纪30年代	英国殖民体系国家
法国	法国法郎	拉丁货币联盟	19世纪70年代至第一次世界大战	法国、比利时、意大利、瑞士等
法国	法国法郎	非洲金融共同体法郎区	第二次世界大战后至欧元成立	非洲的法属殖民地
德国	德国马克	欧洲货币体系（欧元）	第二次世界大战后至欧元成立	西欧国家
日本	日元	未能形成体系	第二次世界大战后	亚洲部分地区
苏联	转账卢布	未能形成体系	19世纪50年代至80年代末	经济互助委员会成员国
美国	美元	布雷顿森林体系与牙买加体系	第二次世界大战后至今	国际货币基金组织和世界银行成员国

资料来源：笔者根据相关历史资料整理。

（二）干扰他国货币稳定

货币稳定对于一个国家的经济安全至关重要，比如稳定的物价水平、汇率水平、外汇储备、资金跨境流动等，如果其中某一方面突发混乱，决策当局都可能措手不及。而拥有币权的国家，则有能力左右其他国家的货币稳定，进而危及其他国家的经济安全，比如令目标国通货膨胀率上升、资本外逃、投资吸引力下降、汇率波动、债务上升、居民生活质量下降，等等。干扰他国货币稳定是一种简单而强有力的策略，尤其是在针对一些相对弱小的目标时。这种攻击也可以是"温和的"，即通过缓慢释放信号，有限度地影响目标国货币。具体做法包括：在市场上大量抛售目标国货币；精心设计一场谣言，让市场感受到某种货币的弱势前景，促成投资者撤离；① 通过操纵本国货币和对象国货币的汇率，迫使对方中央银行进行政策调整。② 这一权力也可以理解为一种能力，虽然没有法律上的授权，但也没有其他力量能够予以制约，因而在实践中可以实施，而且颇具杀伤力。以外汇储备下降为例，曾有官员这样比喻，目睹外汇储备的减少就如同"看着一个孩子失血致死却无能为力"。③

运用这一权力的典型案例是1956年的苏伊士运河危机。1956年10月31日，英国和法国军队进攻埃及，宣称要夺取苏伊士运河控制权，但美国不支持英法的军事行动。1956年11月初，在美国财政部长乔治·汉弗莱的命令下，纽约联邦储备银行开始大量抛售英镑。数据显示，当时英国外汇储备面临"异常"压力。在英法宣布要动武之前，英国外汇储备在9月减少了5700万美元，10月减少了8400万美元；而在宣布要动武之后，英国外汇储备11月骤减了2.79亿美元，几乎相当于前两个月总和的两倍。历史资料显示，当时英国首相艾登的高级顾问巴特勒和麦克米伦给美国财政部长汉弗莱打了电话，得到回复是"除非英国按照联合国的决议撤军，否则总统也爱莫能助"。麦克米伦向内阁递交了详细数据，认为美国的行为是对国际货币基金组织（IMF）宗旨和精神的"不可饶恕的背叛"。④ 在苏伊士运河问题上，麦克米伦也从强硬的鹰派转为温和的鸽派。麦克米伦的传记作者费希尔指出，"英国撤军的真正原因是英镑遭到抛售"，另一位传记作者霍恩也认为，英镑问题是"决定性因素"。⑤ 此次行动的结果是，美国在未动用军事力量的情况下，通过货币手段，就阻止了一场已经动员起来的战争。

① 乔纳森·科什纳：《货币与强制：国际货币权力的政治经济学》，李巍译，上海：上海世纪出版集团2013年版，第53页。

② 大卫·M. 安德鲁编：《国际货币权力》，黄薇译，北京：社会科学文献出版社2016年版，第153页。

③ 乔纳森·科什纳：《货币与强制：国际货币权力的政治经济学》，第9页。

④ 乔纳森·科什纳：《货币与强制：国际货币权力的政治经济学》，第73页。

⑤ 乔纳森·科什纳：《货币与强制：国际货币权力的政治经济学》，第73—75页。

（三）影响其他国家外交与安全政策

这一权力尽管不是法律赋予的，但却是一种客观存在，享有这种权力的是国际货币体系或者区域货币合作区中的主导国。与前面的利用货币手段干扰他国经济安全相对应，如果一个国家在货币方面实力足够强大，在金融危机中可以对其他小型经济体施以援手，甚至可以扮演"避风港"的角色，从而增强本国对其他国家的影响力。这种权力得以存在，其逻辑关系与干扰他国经济安全相似，都是一个国家货币实力强大到一定程度，可以对其他经济体直接施加影响，前面所说的主要是对对手的干扰或者打击，这里是指对"盟友"的保护。

对于货币区而言，那些追求区域性或全球性货币秩序领导地位的国家，除了经济因素外，也都有政治上的考虑，希望借助这种货币秩序安排来获得更大的政治影响力。王湘穗教授从币缘政治的角度对此做了阐述。他认为世界呈两大币缘圈，在美元圈和欧元圈内部，各国基本利益的一致性导致相近的政治态度，随之而来的是对国际事务包括应对金融危机的一致立场，而最终将着手建立币缘圈的共同安全体制。[①]

货币区中，小国对货币体系贡献较小，却可获得可观的经济收益。这些收益包括：第一，保障货币稳定。货币区中，不仅成员国之间汇率保持稳定，而且成员国加起来规模变大，这样可以降低受区外其他强国货币干扰的风险。第二，消除贸易壁垒。即便在经济衰退的情况下也可以保证区内的市场准入，免受保护主义的影响。这意味着小国有了制度保障，不会轻易受到区内其他国家的经济制裁或者其他歧视性措施的影响。第三，享受区内特权，如货币支持、融资渠道等。货币区要稳定运转，一般有应对债务、汇率危机的手段，而小国往往是受益者。所以，小国一般都希望成为货币区的参加国，或者说是追随者。

小国经济上好处多，但会形成依赖，而这种依赖会赋予主导国在政治上和安全上影响目标国行为的权力，使之符合自己的利益和战略目标，或者说是在政治上和安全上控制目标国。比如，如果一个小国退出货币区，本国货币的声誉将会受到损害，造成资本外流、贸易量萎缩、货币急剧贬值、外汇储备减少、融资成本上升甚至偿债困难，失去货币区庇护的小国形单影只、孤立无援，甚至会付出

---

① 王湘穗：《币缘和中国的币缘战略》，载《战略与管理》2009 年第 5/6 期合编本，转引自：ht-tp：//www. aisixiang. com/data/70351 - 2. html。

巨大的代价。小国为维系在货币区的资格，或者说享有货币区的好处，其利益和立场会"不知不觉"地向主导国靠拢。[1] 可见，货币区的建立从来不是单纯的经济问题，而具有深刻的国际政治意涵。[2]

（四）威胁国际货币体系

这种权力的突出特点是，实施的主体是货币体系的参与国，而针对目标却是主导国，这与前面的三大权力刚好"反其道而行之"。如前所述，主导国希望货币体系稳定和持续存在，但如果其他国家在货币领域实力足够强大，尤其是拥有破坏货币体系权力的时候，就会对货币体系的主导国形成威胁，进而在货币体系中发挥影响力。乔纳森·科什纳将这种权力按照实施程度和目的不同，分为两类：一是"颠覆性破坏"，二是"策略性破坏"。"颠覆性破坏"是指货币强国（非主导国）运用自身的货币实力，摧毁整个货币体系。它不是谈判桌上的讨价还价，而是孤注一掷、视死如归的搏杀。这种权力的运用极少发生，一个国家在运用这种权力时也十分慎重，原因在于这种权力的运用如同一场核战争，结果可能是双方同归于尽。相对而言，"策略性破坏"在实践中更为常见。这种权力运用的目标并非摧毁货币体系，而是通过让体系的一部分发生"震荡"，让对手意识到自己权力的存在以及可能造成的影响，进而实现自己的目标。即便体系破坏没有成功，目标国也可能付出沉重代价。[3]

最善于威胁货币体系的国家是法国。在"英镑时期"，每当法国和英国在重大国际问题上有分歧时，法国就会不时运用这种权力要挟英国，希望英国迁就法国的立场。在20世纪30年代的金融危机中，由于法国抛售英镑，黄金从英国流向法国，这场金融危机导致英镑最终脱离了金本位。在"美元时期"，1962年至1966年，法国共向美国兑出28.64亿美元黄金，占同期美国外流黄金总额的85.5%。[4] 同时，法国还公开在国际社会打击美元信心，1965年2月4日，戴高乐将军在记者会上公开表示，美元的国际地位所依赖的基础已经不复存在，美国迟早将面对美元兑换成黄金的困境，法国建议对这一体系进行改

---

① 乔纳森·科什纳：《货币与强制：国际货币权力的政治经济学》，第1—2页。
② 王湘穗：《币缘论：货币政治的演化》，北京：中信出版集团2017年版，第405页。
③ 乔纳森·科什纳：《货币与强制：国际货币权力的政治经济学》，第17页。
④ 鲁世巍：《美元霸权与国际货币格局》，北京：中国经济出版社2006年版，第95页。

革。可见，法国虽然不具备主导全球性货币体系的实力，但两次国际货币体系的"推倒重来"，也就是英镑体系的瓦解和布雷顿森林体系的崩溃，都和法国有直接关系。

二 案例分析

从国际层面看，币权只能掌握在少数国家手中，因而竞争只能在具有经济、金融、政治、军事等强大实力的大国、强国中展开。回顾历史上的重要案例，我们可以发现，币权竞争基本是在美欧这两大强者之间展开。

（一）布雷顿森林体系与美欧竞争

布雷顿森林体系是在第二次世界大战结束后新的历史条件下，美国和欧洲——主要是英国——进行币权竞争的结果，该体系确立了美国的货币霸权地位，也确立了此后美欧币权竞争的基本框架。

（1）美英竞争与布雷顿森林体系的建立

从政治学角度看，布雷顿森林体系的建立是美国把能力变为权力的制度化过程。[1] 在第二次世界大战后的资本主义世界，在美国的主导下，资本主义国家建立起"布雷顿森林体系"。1943年，在第二次世界大战尚未结束之时，美英两大国就开始规划战后的国际经济秩序，分别提出了各自的方案，也就是英国的"凯恩斯计划"和美国的"怀特计划"。

两个方案相比，"凯恩斯计划"更为强调机制和原则的作用，不论实力如何，不论是顺差方还是逆差方，都有调节国际收支的责任，霸权国家并不享有明显的特权。而"怀特计划"将国际收支的管理权更多交给"基金"，而美国凭借经济实力可以主导"基金"，事实上也就是将国际经济问题的主导权更多地交给了美国。英美两国提出两个方案后，双方进行了激烈的争论与较量，鉴于美国在实力对比上的明显优势，英国最终不得不接受美国的方案。当然美国也对自己的方案有所调整，根据英国的诉求做出一定的让步，双方最后达成一致。1944年7月，在美国布雷顿森林召开的"同盟国家国际货币金融会议"上，通过了以

---

[1] 王湘穗：《币权：世界政治的当代枢纽》，《现代国际关系》2009年第7期，第5页。

"怀特计划"为蓝本的《国际货币基金协定》和《国际复兴开发银行协定》,也就是"布雷顿森林协定",根据这一协定所建立的国际货币体系我们称为"布雷顿森林体系"。布雷顿森林体系的建立使美国获得了史无前例的超强货币霸权。美元的特殊地位成为美国权力的主要来源,美国也借此解决了全球霸权的经济负担。①

除布雷顿森林体系外,美国与英国还有一个竞争点,就是如何对待英镑体系。英镑体系是美国向拉美和亚洲市场渗透的障碍。比如,根据英国与阿根廷1933年签署的协定,阿根廷在英国市场上出售商品获得的英镑收入,在偿还外债等合理扣除后,剩余部分只能用于购买英国的商品、支付英国船只的货运费,或者支付英国持有的阿根廷债券的利息。美国解决这一问题的方法是与英国签署美英贷款协定,以提供战后英国急需的贷款为条件,迫使英国在战后谈判中在重要问题上做出让步。从美英的博弈可以看出,美国凭借第二次世界大战后的超强实力步步为营,英国则因为国力衰弱不得不屡屡退让。

(2)美法竞争与布雷顿森林体系的解体

"布雷顿森林体系"在一定程度上为国际经济活动提供了可使用的国际货币、稳定的汇率机制,以及国际支付危机的应对工具,有利于维持国际金融稳定和国际贸易增长,但其也有自身难以克服的缺陷。美国对外负债增长快于黄金储备增长,也就是国际流通中的美元数量增长快于黄金的增长速度,美元要维持与黄金汇价的稳定越来越困难。随着世界经济增长,美国要保证参加国不断增加的对美元储备的需求,但却面临黄金因为产量制约而供应不足的困境。同时,美国要给不断扩张的国际经济活动提供流动性,需要保持国际收支逆差,而持续的国际收支逆差又会引发外界对美国经济风险和美元兑换黄金承诺的担忧,这似乎是一道无解的难题,也称为"特里芬难题"。

法国对美国的货币霸权素有不满,认为美国滥用了货币特权。戴高乐总统经常抱怨,美国人随心所欲地印美元,用于越南战争、收购外国公司以及维护在欧洲和其他地方的政治霸权。②法国人也率先意识到美国长期经常项目逆差所掩盖着的美元危机。法国利用手里的外汇储备,向美元发起攻击。1965年以后,法

---

① 罗伯特·吉尔平:《国际关系政治经济学》,第126页。
② 罗伯特·吉尔平:《国际关系政治经济学》,第128页。

国、德国央行几乎每个月都将手中结余的钱兑换成黄金。[1] 美国中央情报局的报告显示,"法国政府的态度以及法国一些官员的举动,是引起大规模投机美元的重要因素"。[2] 20 世纪 70 年代初,美元的内在难题加之外部冲击,终于导致了布雷顿森林体系的解体,以及之后牙买加体系的建立。

(二)欧元诞生对美元的冲击

美国在牙买加体系中依然独揽霸权。1999 年欧元的诞生,被视为国际货币史上的重大事件,欧洲通过统一货币整合了内部力量,美国的货币霸权迎来"旗鼓相当"的对手,美欧的币权竞争进入新阶段。

(1)欧元诞生是美欧币权竞争的产物

欧元的诞生是人类的一个伟大实践,此前从来没有货币统一先于政治统一的先例。欧元之所以能从幻想走向现实,是多重因素共同促成的结果。

从经济方面看,欧洲国家经济相互依赖,联系紧密,客观上确实需要一个稳定的货币合作机制。从历史的角度看,欧洲国家曾尝试多种形式的货币合作。[3] 欧洲央行前首席经济学家奥托马·伊辛认为,欧洲统一货币的准备工作可以追溯到 20 世纪 50 年代的"欧洲经济共同体"。[4] 从安全角度看,发动两次世界大战的德国再次实现统一,必然会引起其他国家的警惕,也将引起欧洲内部的复杂博弈。德国放弃马克和其他国家一起使用欧元,既有利于消除欧洲国家对德国重新崛起的顾虑,也有利于德国在欧洲摆脱孤立。从币权角度看,欧洲国家打造欧元,也是不甘臣服美元霸权,力求掌握自己的经济命运的努力,是美欧币权竞争的一个结果。丁一凡研究员认为,如果没有美元危机以及其对欧洲的冲击,欧共体国家在货币一体化上也许不会走得这么快。[5] 王湘穗教授也认为,欧元币缘圈

① 迈克尔·赫德森:《金融帝国:美国金融霸权的来源和基础》,嵇飞、林小芳译,北京:中央编译出版社 2008 年版,第 401 页。

② Central Intelligence Agency,"French Actions in the Recent Gold Crisis," March 20, 1968,转引自:弗朗西斯·加文:《黄金、美元与权力:国际货币关系的政治(1958—1971)》,严荣译,北京:社会科学文献出版社 2011 年版,第 220 页。

③ 玛德琳·赫斯莉:《欧元:欧洲货币一体化简介》,潘文、石坚译,重庆:重庆大学出版社 2011 年版,第 7—10 页。

④ 奥托马·伊辛等:《欧元区的货币政策:欧洲中央银行的策略和决策方法》,康以同、陈娜、刘潇潇译,北京:中国金融出版社 2010 年版,第 1 页。

⑤ 丁一凡:《欧元时代》,北京:中国经济出版社 1999 年版,第 25 页。

的出现，在很大程度上是由于美元体系推动的金融全球化侵蚀了欧洲的利益，并威胁到欧洲各国的生存，欧元体系是保护欧洲经济利益的城堡。①

就欧洲而言，虽然第二次世界大战后经济得到有力恢复，但依然缺乏取代美国、夺取国际货币体系规则制定权的实力。但欧洲意识到，团结起来争取经济政策的自主权，还是有可能的，而且也是必要的。因为在经济政策自主方面，欧洲受美国影响太大。或者说，美元的不稳定和政策失误促使欧洲人创造单一货币。② 从 20 世纪 60 年代起，美国不仅要与苏联争夺霸主地位，在天上开展人造卫星、宇宙飞船、太空探险等竞争，还在地上打了一场旷日持久的越南战争。这些庞大的政府开支使得美国财政捉襟见肘，预算赤字不断扩大，公债节节攀升。③

当美元出现问题导致资金流出美国市场时，这些资金不会均等地流向欧洲各国市场，而主要会流向联邦德国，因为德国马克是欧洲乃至全世界最坚挺的货币。德国马克对法郎升值使德国出口商失去竞争优势，资金流入也加剧德国通胀的压力，而德国人对通胀的警惕又根深蒂固。让德国人更难以接受的是，美国还把美元危机的责任推给德国，认为资金从美国流向德国的原因是"德国利率过高"。1971 年 6 月，时任美国财政部副部长保罗·沃尔克在国会听证时表示，"近期的危机不是美元外逃，而是涌向德国马克"。德国联邦银行前行长奥特玛·埃明格尔称，对欧洲来说，与美元共存就好比与一只大象同船，即使它只是小心翼翼地一侧身，整条船都会让人头晕目眩地摇晃，摆脱困境最重要的办法是欧洲国家采取共同行动。④

美元给欧洲带来的问题不止于德国，还有法国。不同的是，与德国马克的升值压力相比，法国法郎的贬值使法国决策者"失去面子"，戴高乐政府认为货币贬值就是失败。美元的问题给欧洲国家带来巨大麻烦，也促使欧洲谋划应对之策。法国前总统德斯坦认为，欧洲共同货币可以成为美元强有力的竞争对手，而且法国将获得该货币的控制权。法德等国共同的政治意志对欧洲货币一体化产生

---

① 王湘穗：《币缘论：货币政治的演化》，第 381—382 页。

② 查尔斯·金德尔伯格：《西欧金融史（第二版）》，徐子健、何建雄、朱忠译，北京：中国金融出版社 2010 年版，第 478—491 页。

③ 丁一凡：《欧元时代》，第 27 页。

④ 周弘、彼得·荣根、朱民：《德国马克与经济增长》，北京：社会科学文献出版社 2012 年版，第 185—192 页。

了决定性影响。①

欧洲汇率体系的建立，部分原因就是欧洲对美国没能管理好自身经济并转嫁给其他国家的一个反应。② 前联邦德国总理施密特认为，推进欧洲货币一体化，让欧洲其他国家的货币与马克紧密联系在一起，有利于减小美元贬值对德国经济的冲击。③ 欧盟首任驻华大使杜侠都曾表示，从经济规模上看，欧洲国家都属于中等规模国家，在经济实力不够强、货币覆盖面不够大时，货币主权实际上是一种幻觉，欧元区各国只有共同行使货币主权，才有可能采取有效的货币政策。④

（2）欧元的成就及对美元霸权的影响

1999—2002 年，欧元的启动总体上是成功的，没有遇到技术上的问题，顺利取代了 12 个欧洲国家的主权货币。许多观察家认为，美国对国际货币体系的主导将结束，世界将进入欧元时代，欧元取得与美元平起平坐的地位只是时间问题，甚至欧元将会超越美元。罗伯特·蒙代尔的观点具有代表性，他认为"欧元将会挑战美元地位，并改变国际货币体系权力的配置"。⑤

作为一个新生事物，欧元站稳了脚跟。但从美欧币权竞争的角度看，欧元取得的成就是有限的，美元的地位并没有受到明显的挑战。欧元诞生后，在国际货币方面的份额，与欧元所取代的货币相当。正如经济学家埃德温·杜鲁门所言，"目前为止，能够证明积极的从美元向欧元转换的证据是非常有限的"。⑥ 总体看，欧元的诞生并没有给世界带来"惊喜"，既没有像批评者所说的那样引发灾难，也没有像支持者期待的那样取得巨大成就。⑦ 在欧洲经济与货币联盟之外的其他经济体之间的贸易中，使用欧元结算的比例很低。⑧ 欧元区虽然在经济规模上可与美国相提并论，但也有很多不容忽视的缺陷。

---

① 李晓、丁一兵：《欧洲货币一体化的推动力与大国关系——从国际政治经济学角度的考察》，《学习与探索》2007 年第 5 期，第 148 页。

② 大卫·M. 安德鲁编：《国际货币权力》，第 87 页。

③ Barry Eichengreen, *Globilizing Capital*: *History of the International Monetary System*, 2nd edition, Princeton and Oxford: Princeton University Press, 2008, p. 158.

④ 丁一凡：《欧元时代》，第 105 页。

⑤ Benjamin J. Cohen, *The Future of Global Currency*: *The Euro Versus the Dollar*, London and New York: Routledge, 2011, p. 1.

⑥ Benjamin J. Cohen, *The Future of Global Currency*: *The Euro Versus the Dollar*, p. 110.

⑦ Barry Eichengreen, *The European Economy Since 1945*, Princeton and Oxford: Princeton University Press 2007, p. 370.

⑧ Benjamin J. Cohen, *The Future of Global Currency*: *The Euro Versus the Dollar*, p. 122.

第一，统一大市场尚不完善。不同国家使用不同的清算、结算系统，税收体制不尽相同，会计准则和商业习惯也不一样，银行等比较敏感的部门也归各国政府自行监管。[1] 尤其各个成员国都有自己的债券，不能像美国那样提供单一的金融工具。债券市场的分割这一问题很难解决，这意味着交易成本高这一缺陷将持续影响欧元作为国际货币的吸引力。[2] 美国金融市场的深度和流动性，仍然是美元独一无二的优势。[3]

第二，经济增长慢。束缚欧洲经济增长的结构性因素很多：人口老龄化趋势日益严峻，根据欧盟委员会的数据，1960 年欧洲人口占全球比例为 11%，2015 年已经降至 6%，预计到 2060 年将降至 4%；[4] 福利制度拖累严重，政府对劳动力的保护导致企业对解雇工人非常顾忌，因而在雇佣新员工时非常谨慎，降低了就业水平；创新活力不足，欧盟委员会设定每年研发投入占 GDP 比例目标为 3%，但欧元区这一数字基本徘徊在 2% 的水平（参见图 1）。受到这些因素影响，欧洲和美国在产出和劳动生产率方面存在鸿沟，而且这一差距还在呈扩大趋势。[5]

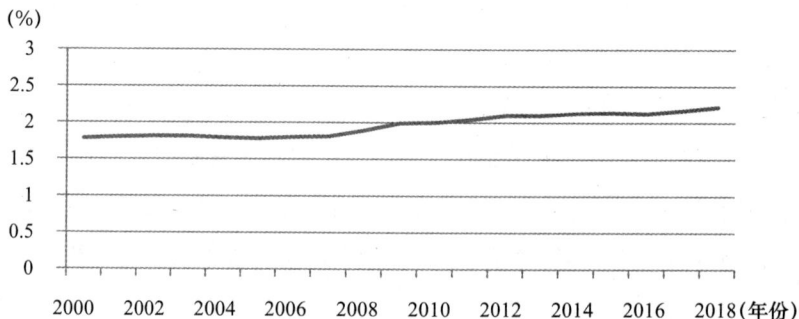

图 1　欧元区 19 国研发支出占 GDP 平均比例

资料来源：欧盟统计局（Eurostat）。

第三，欧元区的币权主体不明确。在欧洲，没有一个单一的机构能够在国际事务中代表欧元区，这限制了欧元区作为一个整体在国际货币事务上的行动能

---

① 巴里·埃森格林：《镜厅》，何帆等译，北京：中信出版集团 2016 年版，第 70 页。

② 大卫·M. 安德鲁编：《国际货币权力》，第 92 页。

③ Barry Eichengreen, *Globilizing Capital: History of the International Monetary System*, p. 226.

④ "White Paper on the Future of Europe: Reflections and Scenarios for the EU27 by 2025", European Commission, March 1, 2017, p. 8.

⑤ Barry Eichengreen, *The European Economy Since 1945*, p. 414.

力。比如在 IMF 和七国集团（G7），每个国家都在为自己而不是欧元区代言。[1]政治学家凯瑟琳·麦克纳马拉和索菲·默尼耶认为，只要欧元区对外不能用一个声音说话，就像美国财政部部长对外代表美元一样，美元作为国际货币的领先地位就无可动摇。[2]

总之，尽管欧元在其他领域取得了成功，但在应对外部挑战方面没有明显成效，没有给美国的货币霸权带来冲击，其根源在于内部分歧和机构设置困扰了决策，或者说，欧洲尚缺乏与美元相抗衡的政治意志。[3] 只要欧洲经济与货币联盟还是一个"非主权货币区"而不是一个真正的联邦，结构性缺陷就会存在，也就难以对美国的货币霸权构成显著影响。[4]

（三）美国金融危机与转嫁风险

2008 年金融危机后，美国在进行内部调整的同时，还对"唯一的竞争对手"给予一定程度的打击，以转移自身压力，继续维系货币霸权。

（1）美国金融机构做空欧元

美国金融危机后，欧洲爆发的债务危机始于希腊，而希腊问题又源于美国金融机构帮助其做假账，并在希腊财政问题暴露后在市场上做空，导致危机一发不可收拾。2010 财年美国联邦政府财政赤字达到 1.6 万亿美元，创历史新高，大约占国民生产总值的 10.6%。值得注意的是，美国政府公布巨额赤字预算之时，正是希腊债务危机发酵之际。这有效转移了外界对美元的关注和不安。[5]

美国金融机构唱空、做空欧元，并非完全是资本的逐利行为，而是与国家利益和国家战略有关。虽然外界能观察到的直接参与者都是金融机构，而不是国家政府，但美国金融界巨头和政府有着紧密、复杂的关系，财政部和华尔街之间在人员上也存在"旋转门"，很难相信美国政府对其金融机构在希腊问题上做假账、做空欧元等事一无所知。

从逻辑上分析，通过打击欧元，美国政府和金融机构可以实现共赢：金融机构可以通过做空欧元牟利；美国政府可以转嫁风险，缓解财政和债务难题，维系

---

① Benjamin J. Cohen, *The Future of Global Currency：The Euro Versus the Dollar*, p. 141.

② Benjamin J. Cohen, *The Future of Global Currency：The Euro Versus the Dollar*, p. 111.

③ 迈克尔·赫德森：《金融帝国：美国金融霸权的来源和基础》，第 358 页。

④ Benjamin J. Cohen, *The Future of Global Currency：The Euro Versus the Dollar*, p. 113.

⑤ 《美英资本有意做空？欧元现史上最大规模空头头寸》，《广州日报》2010 年 2 月 10 日。

货币霸权地位。笔者倾向的观点是，未必是美国政府设计一套计谋来指挥华尔街的金融机构做空欧元，但逻辑上讲得通的是，金融机构在市场中觅得做空欧元牟利的机会并采取行动，美国政府对此采取了"纵容"态度，最终实现美国政府和华尔街的共赢，输家是欧洲和欧元区。

（2）美国政府拒绝加强国际金融监管

作为金融危机的"受害者"，欧洲对美国危机迅速传染到欧洲做了深刻反思，并提出体制、机制上的改革建议，其中之一就是加强国际层面的金融监管。2010年3月29日，时任法国总统萨科齐在美国纽约哥伦比亚大学发表演讲时称，希望美国发挥领导作用，制定新的全球性金融监管制度，以有效防止再次出现金融危机的威胁。[①] 但欧洲的主张并未得到美国的积极响应，这显示出美国在自身仍未摆脱危机的情况下，无意阻止风险向欧洲的转移。

双方在对冲基金监管问题上分歧尤为严重。欧盟认为对冲基金是欧洲金融波动的直接推手，而美国财政部部长盖特纳称，欧盟限制对冲基金是一种保护主义行为。[②] 2010年7月21日，美国虽然出台了旨在加强金融监管的《多德—弗兰克法案》，但这只是美国国内的金融监管改革，并没有将任何监管权交给国际社会，或者说交给欧洲。

（3）评级机构打压欧洲

欧债危机爆发的直接原因是国际评级机构发动的对希腊等债务国的"降级潮"。自2009年希腊主权债务危机爆发以来，危机每次升级，背后都有三大评级机构下调欧元区成员国评级的举动。

主权债务危机的爆发也引起人们对信用评级机构道德标准和结果准确性的质疑。欧盟委员会负责内部市场与服务的委员米歇尔·巴尼耶曾表示，"这些评级机构所拥有的权力已经不仅对企业，而且对国家也会产生严重影响"，并警告国际信用评级机构要"谨言慎行"；诺贝尔经济学奖获得者米尔顿·弗里德曼形象地描述了评级机构的破坏力，"美国可以用炸弹直接摧毁一个国家，穆迪同样可

---

① 《萨科齐希望美加强金融监管防再发全球金融危机》，搜狐新闻，2010年3月30日，http：//news. sohu. com/20100330/n271197918. shtml。

② 《欧盟回击美国财长盖特纳的批评》，新浪财经，2010年3月12日，http：//fiance. sina. com. cn/world/02jj/20100312/08187551518. shtml。

以用债券评级间接毁灭一个国家"。[①]

从 1975 年开始,美国证券交易委员会对评级机构实行认证制度,也就是"全国认定的评级组织"(NRSRO)。在这一制度下,美国认可的信用评级机构只有标准普尔、穆迪、惠誉三家,同时要求外国筹资者在美国金融市场融资必须接受 NRSRO 评估,由此确立了三大评级机构的垄断地位。但华尔街金融危机后,这三家评级机构引发了强烈的争议。无论是 1997 年的亚洲金融危机,还是 2008 年的美国次贷问题引发的危机,所谓最有信誉的三大评级机构都未能"先知先觉"。恰恰相反,就在 2008 年国际金融危机爆发前,三大评级机构无一例外地给予美国国际集团及其金融衍生产品最高信用评级。

就如同对冲基金做空欧元一样,评级机构对欧洲国家评级的打压客观上也有利于维系美国的货币霸权,这也是处境不佳的美国政府所乐见的。安盛公司(AXA)投资战略主任帕里斯·奥尔维茨甚至怀疑标准普尔对希腊、葡萄牙、西班牙的降级时机是经过精心选择的,对债务危机的扩散具有不可逃避的责任。[②]

(4) 美国舆论唱衰欧元

第二次世界大战后美国称霸全球,英语也成为全球通用语言,英文媒体对世界的影响力无可否认。舆论会影响人的心理,进而左右人的行为,最终在市场上会有所体现。当国际舆论(其他语言的舆论氛围也很容易受到英语媒体的影响)铺天盖地都是对欧洲的负面报道和评论时,投资者很难对欧洲保持信心。当然,欧洲的一些媒体对英文媒体的报道嗤之以鼻,其中也不乏一些有理有据的反击,但其影响力无法形成"对冲"。英文舆论唱衰的结果是欧元资产被抛售,最终放大了危机,加大了欧洲应对危机的难度。美国对外关系委员会高级研究员彼得·凯南称,"我们要谨记,货币衰落的威胁或贬值的谣言,都可能引发资本的外逃"。[③]

在美国的打压下,欧洲爆发了严重的主权债务危机,但欧洲并没有奋起反击,可能是出于以下一些原因:第一,欧元区的机制缺陷、欧洲央行政策目标单一、福利体制负担沉重等问题确实存在,而且也到了必须着手解决的时候,这场

---

① 《揭密:美机构如何用评级毁灭一个国家》,新华网,http://news.xinhuanet.com/world/2010 - 06/26/c_ 12265835_ 2. htm。

② 《欧盟拟立法反制美国评级机构》,《人民日报》2012 年 5 月 23 日。

③ Peter B. Kenen, *British Monetary Policy and the Balance of Payments* 1951 - 1957, Cambridge: Havard University Press, 1960, p. 16.

危机促使欧洲必须在这些方面采取行动。第二，币权竞争具有一定的隐蔽性，很多部门甚至没有认识到这一问题的存在，只是在技术层面寻找办法。第三，欧洲实力尚不足以与美国抗衡，如果针锋相对，很可能受到更大打击。第四，美国对欧洲的打压并不是致命的，美国的目的是转移自身风险，并无意置欧元于死地，在关键时刻美国甚至愿意出手帮助欧洲，避免欧洲经济、金融或者货币崩溃。第五，币权属于政治层面，只能在领导人层面解决，欧洲在危机中实力受挫，国际事务上更加依赖美国，不愿因为这一问题开罪美国，影响美欧的战略合作。

三　规律总结

在上面理论和案例分析的基础上，笔者接下来尝试对美欧的币权竞争做一些规律性的总结，并展望未来的发展前景。

（一）美欧币权竞争的性质

在全球化时代，美欧作为世界前两大经济体，经济联系紧密，在很大程度上是一荣俱荣、一损俱损，双方还有维护世界经济和国际货币体系稳定的共同利益。双方为了币权，竞争是客观存在的，但为了共同利益也需要相互合作。下面将分别从美欧的角度，对其各自追求的目标进行分析，总结双方币权竞争的性质。

（1）美国追求的目标

在前面我们提到的"四大权力"中，美国在第二次世界大战后已经获得了第一大权力，也就是国际货币体系的主导权。可见，美国的目标并不是获得，而是维系已经取得的国际货币体系主导权。对于第二大权力，也就是对他国货币予以打击的权力，美国事实上也掌控着这一权力。币权已经成为美国重要的地缘政治工具，这一工具的运用次数虽然不多，但却效果显著，美国当然也不愿失去。对于第三大权力，也就是影响其他国家外交与安全政策的权力，美国则在全球多个区域建立起了"美元湖"，主要分布在环太平洋区域，占世界经济总量的65%。[①] 这些国家由于对美元的依赖，其国家利益和外交政策也很大程度向美国

---

① 王湘穗：《认清币缘政治，中国方能不败》，《环球时报》2013 年 2 月 18 日。

靠拢。对于第四大权力，也就是威胁货币体系的权力，这一权力并不适用于美国，因为美国是体系的主导国，其目标是维持体系的存在和稳定，并继续从中获得好处，而不是通过威胁体系来获益。

从以上"四大权力"来看，前三项是美国已经获得的权力，已经是"超级权力"，甚至被称为"嚣张的特权"，① 很难进一步扩大，第四项不适用于美国。因此，美国在币权上的立场应该是守成，维系既得的权力，而不是积极主动地采取行动与其他国家进行竞争。

（2）欧洲追求的目标

对欧洲的分析，我们也从四大权力入手。第一大权力，也就是国际货币体系的主导权，这是欧洲争取的目标。布雷顿森林体系的建立，就是美国和英国竞争的结果。虽然布雷顿森林体系解体后改为牙买加体系，但货币格局没有实质性变化，美元的主导已经是客观现实，欧洲无意挑战和取代美元在全球范围内的主导地位。但欧洲与美国存在竞争，因为欧盟力求掌握欧洲地区的货币合作主导权。创建共同货币——欧元，并让欧元在欧洲货币合作上处于主导位置，这有助于抵御美元波动对欧洲造成的打击，而且欧元区周边国家由于本国货币盯住欧元，也会提升欧元区的地位和影响力。

第二大权力，尚未成为欧洲国家追逐的目标。欧元区成立至今，还很少见到以欧元作为武器或者说是外交工具，以实现自身战略目标的实例。主要原因在于：欧洲虽然经济规模大，但在货币问题上的实力与美国仍有较大差距，还不具备将货币作为地缘政治武器打击其他国家的实力；欧洲在外交上奉行有效多边主义，主张通过国际谈判、设计合作框架来解决问题，相对来说更为注重"软实力"；欧元背后缺乏明确的国家主权支持，要将其作为武器使用需要欧元区所有国家同意，而这是极为困难的。

对于第三大权力，这一目标是欧洲极为看重的，欧洲对这一权力的运用，应该说也是十分成功的。冷战结束后，欧盟面临巨大的地缘政治挑战，原属于苏联的国家独立后，其国家稳定和外交政策走向是欧洲的关切，因为这涉及欧洲的周边安全，如地缘政治纷争、走私、贩毒、贩卖人口、非法移民等，这些不安全因素都可能向欧洲渗透。为了应对邻国带来的安全挑战，欧盟以"软实力"为手

---

① 巴里·埃森格林：《嚣张的特权：美元的兴衰和货币的未来》，第 194 页。

段，对这些国家进行改造，如经济市场化、政治民主化、外交西方化，等等。欧盟所运用的"软实力"，主要是指通过一体化获得的经济繁荣、政治稳定、社会融合，这对周边国家具有极强的吸引力。加入欧元区更是很多国家追求的目标，为此周边国家愿意按照欧盟和欧元区的要求，对本国的政治体制、经济制度进行改革，外交政策上更是倒向西方，这正符合了西欧的战略意图。因此，欧洲成功利用欧元区资格作为"外交工具"，影响了周边国家的政治、经济和外交政策，而且这一影响还不是强制的，而是被影响的国家主动要求的。

对于第四大权力，如果欧洲要运用这一权力，目标毫无疑问是针对美国。法国是唯一公开威胁美元体系的欧洲国家。法国的这一立场源于其民族性格，法兰西民族在世界舞台上不甘寂寞，习惯通过"标新立异""敢为天下先"来向世界展示法国的实力、地位和国际影响力，"挑战美国"被视为法国展示自己国家力量和影响力的方式。法国不仅在货币问题上，在其他问题上也向美国霸权发起过挑战，比如 1966 年，法国在戴高乐将军的带领下，退出了美国领导的北约军事一体化组织。欧元诞生后，法国喜爱"挑战美元"的特点并没有改变，2008 年美国金融危机后，时任法国总统萨科齐公开表示，美元对国际货币体系的主导已经不合时宜，并在访问美国期间积极游说美国对国际货币体系进行改革。但法国面临的问题是，本国已经没有自己的货币主权，要想凭借欧元对美国施加压力，还需要欧元区所有其他国家的同意。但法国挑战美元的主张很难在欧元区得到广泛响应。因而，法国威胁美元体系的立场在欧洲被弱化，在欧元区层面很难得到体现。从国际层面看，欧元的主要使命是掌握自己的货币主权，对周边国家施加影响，并没有表现出威胁美元的明显意愿。因而，威胁货币体系，并不是欧洲作为一个整体追求的目标。

（3）美欧竞争中的矛盾点和互补性

从以上分析中可以看出，美欧之间的币权竞争既存在矛盾点，又存在一定的互补性。首先，从国际货币体系主导权来看，欧洲认可美国在全球范围内的主导权，认可现行国际货币体系的基本规则，尊重美元在全球汇率体系、大宗商品计价、全球外汇储备中享有的"特权"，并无意取而代之。但欧洲也有自己的诉求：一方面，欧洲追求货币政策的自主权，不愿欧洲经济和货币政策过多地受美国影响；另一方面，欧洲要主导本地区的国际货币合作。美元主导的是一个全球性的国际货币体系，欧洲则谋求主导区域性的货币合作，分属全球和地区层次。

其次，从影响其他国家外交与安全政策权力的角度看，美国和欧洲对此皆有强烈的意愿。区别在于，美国的范围是全球性的，而欧洲的目标范围是周边，其中重点是中东欧、巴尔干这些存在潜在不稳定因素的地区。两者竞争的可能交集是欧洲周边地区，因为在欧洲以外地区，欧洲无意也无力与美国竞争。① 对于欧洲试图将周边纳入自己的势力范围，美国并没有表现出明显的反对态度，一则这一地区毕竟是欧洲的"后院"，欧洲的直接影响力要更大一些；二则欧洲利用欧元的吸引力对这些国家进行"改造"，如果能够使这一地区安全、稳定和外交政策倒向西方，也符合美国的利益。

最后，从对其他国家实施货币打击和威胁货币体系的角度看，由于欧洲并未将此视为目标，美欧之间也不存在竞争关系。从历史上看，法国善于利用体系的不稳定因素威胁主导国。但在欧元成立后，法国在这方面的角色扮演似乎不如从前。当然，欧元成立的时间毕竟还短，未来是否在某个时间再次向美国就货币问题发起挑战，还有待时间来检验。

从以上分析可以看出，美欧之间的币权竞争主要在两方面：一是国际货币体系主导权的竞争；二是对其他国家外交与安全政策影响力的竞争。对于前者，美元有明显的既得优势，欧洲清楚自己的实力和定位，争夺目标主要限于欧洲范围之内；对于后者，美国认可欧洲的"势力范围"，没有强烈的意愿将其夺走。由此可见，美欧之间的币权竞争并非是全方位的国家间竞争，而是局部地区和领域的竞争，而且竞争中双方根据自己的实力和势力范围，相互了解对方的底线，多数情况下能够形成默契，避免直接对抗。

由于共同利益的存在，美欧在进行币权竞争的同时，也在进行着合作。这主要体现于美欧共同主导的多边机构和国家集团：比如在 IMF 和世界银行，美国人当世界银行行长、欧洲人当 IMF 总裁成为第二次世界大战后的"不成文的惯例"；在七国集团，美欧定期就经济形势和货币政策情况沟通协调。此外，在紧急情况下，美欧之间还有其他合作方式，比如 2011 年 9 月 15 日，在欧债危机导致欧洲银行业可能发生系统性危机时，美联储、欧洲央行、英国央行、瑞士央行、日本央行紧急联手对银行业提供流动性支持，以避免欧债危机演化成新一轮金融危机。可见，金融危机后，美国和欧洲的币权竞争虽然激烈，但也是有限度

---

① 玛德琳·赫斯莉：《欧元：欧洲货币一体化简介》，第 66 页。

的，双方在竞争的同时还要合作，避免"鱼死网破"。

总的来看，美欧之间的币权竞争的性质可以说是"合作性竞争"，而不是零和博弈的"破坏性竞争"。这类似于国际关系中所说的国与国之间的"竞合关系"。王湘穗教授关于货币政治的阐述也认为，兼顾彼此、兼顾博弈与合作是币缘政治的核心。[①]

（二）美欧币权竞争的方式

美欧币权竞争方式按照工作对象的不同，可以归结为以下三类。

（1）通过完善自己提升市场竞争力

"四大权力"并不是通过国际协定、国际组织和相关规则等法律形式直接赋予某个货币强国的，而是在既定规则下，市场"自由选择"的结果。比如在当前的牙买加体系下，没有任何国际协定规定某国的外汇储备必须是美元、欧元或者某种其他货币，一国货币当局以及私人投资者，理论上完全有自由选择自己青睐的货币作为储备或用于结算。市场之所以多数选择美元，关键在于美国的国家实力，是因为美元是"安全货币"。

美国是一个危机感很强的国家，对自身的问题十分警惕，美国衰落论往往出自美国而不是别的国家。在货币问题上，美国也十分清楚，要可持续地享有"嚣张的特权"，就必须维护自己的信誉。在经济形势较好的时期，美国也注意维持财政平衡，克林顿执政时期甚至一度实现财政盈余。在华尔街金融危机后，美国大力整顿金融秩序，并抛出出口倍增计划、能源革命、再工业化等重大战略，希望尽快恢复各界对美国金融市场的信任。

欧元也是如此，要在与美元的币权竞争中获得立足之地，必须让自己有强大的吸引力。欧元主要的传统优势有两个：一是币值稳定。欧洲央行的优先政策目标是"物价稳定"，具体设在"接近但低于2%"的水平。欧元诞生到欧债危机爆发前，也就是1999—2008 年，欧元区基本实现了这一目标。由于欧元在管理上基本参考了德国马克的模式，这让市场投资者有理由相信，欧元的币值可能像德国马克一样坚挺。欧元的第二个优势是财政纪律。尽管欧债危机发生的直接原因是希腊等债务国长期财政赤字导致债务负担过大，但实际上欧元区的平均债务

---

① 王湘穗：《币缘论：货币政治的演化》，第 23 页。

水平是低于美国的。

但欧元的缺点也是明显的，除了我们之前讨论的单一大市场不完善、经济增长慢、币权主体不明确外，债务危机后，机制缺陷也充分暴露出来。欧元运转后到债务危机爆发前这一段时间，欧洲没有致力于解决这一问题，主要原因是这一问题没有暴露出来，紧迫性并不是很强。当初欧元设计的初衷也是：机制缺陷必然会导致危机，等爆发危机后，顺势利用危机的压力来解决机制不完善问题。债务危机爆发后，欧盟采取的应对措施中，主要也是解决内部的制度缺陷，如建立欧洲金融稳定机制、银行联盟等。欧元区清楚知道自己爆发危机的内因所在，所以应对重点也是在内部。

美元与欧元在市场上的竞争，如同微观经济学里所讲的，两个生产同质商品的厂商，要靠产品质量来争取市场份额。由于市场是"聪明的"，不论美国还是欧洲想要获得更多币权，都必须做同样的事情，就是把自己的货币做得更好、更安全、更方便、更有吸引力。自从欧元成立后，这种竞争就一直存在，因为市场一直存在而且是持续的，是一种"常态"。

（2）通过外交手段影响第三方行为

外交手段虽然在市场之外，但却能影响市场主体的行为，让市场参与者不仅从经济利益角度选择货币，而且有更多的战略考虑。与在市场竞争中"做好自己"不同，外交手段的目标是通过改变第三方的行为，提高自己的竞争优势。

在这方面，美国的做法包括：第一，国际大宗商品以美元计价。国际大宗商品出口国主要为资源密集型国家，美国凭借自己的经济、军事实力和这些国家的政治关系，通过各种手段促使国际大宗商品基本以美元计价，这样相关交易也在美国的结算系统进行，相关国家也须储备美元，结果是巩固了美元的地位，给欧元作为计价货币留下的空间十分有限。第二，利用国际金融机构为美国的币权服务。美元能维系货币霸权，还仰赖 IMF 和世界银行两大国际金融机构在国际贷款、投资、援助中大量使用美元，并推动欠发达国家"门户开放"，在全世界范围内推行"华盛顿共识"，增加对美国的依赖。[①] 欧元区国家虽在两大机构中代表权总和超过美国，但难成合力，未能有效助推欧元国际化。

欧元区的做法主要体现在对周边政策上。如前所述，欧元区的一个问题是在

---

① 迈克尔·赫德森：《金融帝国：美国金融霸权的来源和基础》，第19页。

对外方面难以形成合力，因而难以像美国那样在全球范围内利用外交资源争夺币权。但在欧盟的周边，比如对中东、北非和中东欧地区的政策，欧盟国家相对容易达成共识，因为这还涉及其至关重要的共同安全。欧洲一体化带来了人员、资金、商品、劳务的自由流动，这对经济发展有利，但如果非法移民、有组织犯罪、恐怖主义从欧盟外部渗入，也会在欧盟内部"自由流动"。欧盟在周边推广欧元的战略取得了成功，但其利用外交手段获取币权的成绩也主要限于欧盟内部以及周边，而不像美国那样遍及全球。

（3）通过直接交锋压制对手

与市场竞争和外交手段相比，直接对抗发生的次数较少。市场竞争是一直存在的，尤其是在牙买加体系下，这种竞争几乎每天都在进行，美欧都想方设法提升自己货币的吸引力。外交手段属于长期性战略，选定战略方向后，按照既定方向落实和推进，也是一直存在的，只不过变动不会像市场那样频繁和明显。而重要的直接交锋在历史上出现的次数有限，第二次世界大战后主要有美英围绕战后国际货币体系、美英围绕苏伊士运河危机、美法围绕美元兑换黄金以及美欧围绕金融危机这几次直接交锋而已，平均超过十年才发生一次。但这种竞争方式最激烈，影响也最深远，比如美英竞争的结果决定了战后的国际货币体系，美法竞争的结果导致了布雷顿森林体系解体，金融危机后美元和欧元竞争导致了举世瞩目的欧债危机。这种竞争是最值得关注和警惕的，如果双方处理不好，导致升级成更为严重的双边对抗，可能会影响到整个跨大西洋关系。

（三）美欧币权竞争的前景

关于美欧币权竞争的前景，核心问题是未来竞争是否会变得更为激烈，是否会导致全面的政治对抗。

（1）竞争的边界

如果美欧币权竞争的性质是"合作性竞争"，而不是"破坏性竞争"，那么竞争应该有边界或者说有底线，双方都想把竞争控制在一定程度和范围之内。

综合第二次世界大战后美欧之间发生的各种形式的币权竞争，我们可以发现，尽管竞争一直存在，有时还很激烈，但竞争的结果往往都是以双方达成某种妥协而结束，没有演化成无法收拾的全面对抗，也没有影响跨大西洋双方的战略合作。第二次世界大战后的美英竞争中，虽然英国的"凯恩斯计划"完败给了美国的"怀特计划",但美国也根据英国的意见做出一定修改,并获得了英国的支持。苏伊士运河危机中,虽然美国借助货币手段威胁英国撤销军事行动,但英国并没有将双方的这一冲突公之于众,这一危机日后也没有持续影响美英"特殊关系"。法国抛售美元最终导致布雷顿森林体系解体,但在布雷顿森林体系解体过程中,美国与包括法国的欧洲伙伴之间仍是一种合作关系,1971年美国宣布美元停止兑换黄金,但固定汇率维持到1973年,这期间在美国的游说下,欧洲伙伴还是支持了美元的汇率稳定。2008年之后的美欧竞争中,欧元虽然深受打压,但在关键时刻美国也对欧元提供了一定支持。可见,美欧作为传统盟友和战略伙伴,虽然在币权上天然存在竞争关系,但由于存在庞大的共同利益,双方都不想影响战略合作。

在前述三种竞争方式中,市场竞争是最常见也是风险最小的,这种竞争在很大程度上被理解成市场行为而不是国家战略,一般也不会引发竞争对手的敏感和过度警惕。虽然给对手的压力是有的,但不至于引发外交关系的持续紧张,更不会触及影响双方战略合作的底线。外交手段是明显的政府行为,而且在第二次世界大战后几十年,美欧都形成了自己的势力范围,任何打破既定格局的外交尝试,都可能引发双方关系的紧张。本杰明·科恩认为,欧元区会想尽一切办法提升欧元的市场吸引力,乐见周边国家政府对欧元形成依赖,尤其是中东欧和巴尔干地区,但这不会激怒美国,除非欧洲试图将影响力扩大至更大范围。欧洲将对自己的渴望加以限制,尽量不触碰美元的势力范围。[①]

直接交锋是最可能触及竞争底线的竞争方式。2003年的伊拉克战争,虽然原因不全是币权竞争问题,但还是给双方关系埋下深深的裂痕,并用了数年的时间才得以修复。不过这一危机也没有触及美欧安全合作的底线,美国为欧洲提供安全保障的立场并未动摇,欧洲也未曾尝试在安全防务上甩开美国。2008年金融危机期间,美欧又一次展开了直接交锋,但这次与其说是交锋,不如说是一攻一守,因为欧洲的应对办法主要还是"修炼"内功,解决自己的财政、债务、增长、机制等问题,而不是直接对美国发动反击,因此不至于影响双边的战略合作。

总之,从以往的竞争中可以看出,不影响双方战略合作、不发生政治对抗是

---

① Benjamin J. Cohen, *The Future of Global Currency: the Euro Versus the Dollar*, p. 38.

双方共同的底线。

（2）可能的冲突点

币权竞争不能越过影响战略合作的底线，过去没有发生，但并不代表未来不会发生，有一些潜在冲突点值得关注和分析。

富裕的石油出口地区中东，可能是美元和欧元对抗之地。原因在于：第一，石油出口给中东国家带来巨大财富，包括沙特阿拉伯、科威特以及波斯湾周边国家，这些财富大部分直接或者间接地由国家政府支配，要么以中央银行外汇储备的形式保存，要么由公共部门投资于国外。这些国家如何保存和使用其财富，将对国际货币的命运有重大影响。第二，这一地区的大国博弈复杂。在欧盟的周边，美国愿意尊重欧盟；反过来，在拉美和亚洲，欧洲承认美国的战略主导；而中东地区形势复杂，大国竞争激烈。美国在这一地区的影响力无可否认，而欧洲国家与这一地区之间也存在着紧密的经济和文化上的联系，一直致力于在这一地区发挥重要影响，也普遍怨恨美国排挤欧洲过去对这一地区的主导。第三，欧洲是中东最大的石油出口市场，也是最大的进口来源地，但金融上却为美国和美元所主导。美元占据了这一地区国家中央外汇储备和官方对外投资的绝大多数，在许多人看来，这是不匹配、不正常的，甚至是不理性的。人们经常问这样一个问题：与欧洲这一最大的贸易伙伴做生意，如果用欧洲的而不是美国的货币，是不是更合理呢？[1] 2018 年，在美国的制裁压力下，尤其是被美国踢出 SWIFT（环球同业银行金融电讯协会）的情况下，伊朗决定本国石油出口不再使用美元，欧洲则将用欧元支付从伊朗进口的石油。[2] 第四，从欧洲的角度看，与美国争夺中东是有诱惑力的。由于涉及的资金数额巨大，有利于欧元成为"大欧元"，也有利于强化欧洲在中东的影响力。2018 年，时任欧盟委员会主席容克在"盟情咨文"中公开表示，欧盟只有 2% 的能源从美国进口，但 80% 却用美元结算，这是"荒谬的"，欧洲应该努力提升欧元的国际使用。[3]

由于涉及美国的重大利益，由此导致地缘政治冲突的可能性不容忽视。美国

---

① Benjamin J. Cohen, *The Future of Global Currency: the Euro Versus the Dollar*, p. 133.

② "EU to Switch from US Dollar to Euro on Oil Trades from Iran," https://www.globalresearch.ca/eu-to-switch-from-us-dollar-to-euro-on-oil-trades-from-iran/5640805.

③ "State of the Union 2018: The Hour of European Sovereignty," p. 10, https://ec.europa.eu/commission/sites/beta-political/files/soteu2018-speech_ en_ 0. pdf.

攻打伊拉克，就被视为美国应对欧元对美元威胁的表现。有一个广为流传的评论，"这是一场石油货币战争，美国真正的目的是阻止欧佩克国家用欧元作为结算货币的趋势"。[①]

除中东外，美欧币权竞争还有一个敏感点，就是人民币国际化。作为货币霸权国家，美国对任何其他货币的国际化都不会欢迎，但欧洲的立场与美国不同，欧洲对人民币国际化持欢迎、支持、合作的态度。原因在于：一方面，金融危机后欧元与美元竞争的动力更强。金融危机中，面对美国的货币打压，欧洲鉴于实力差距以及对美国安全保障的依赖，没有奋起直接反抗，但心中对美元不满明显增加。另一方面，人民币国际化可能更多挤占美元的地盘，而不是欧元。如前所述，美元和欧元已经基本上划定了势力范围，欧洲的"后院"在欧元区周边以及撒哈拉以南非洲。而中国远在亚洲，人民币国际化刚刚起步，无意进入欧元的传统势力范围，因而人民币国际化对欧元并不是威胁，欧洲也乐见多一种货币力量对美元霸权形成制衡。法国国际问题专家弗朗索瓦·戈德芒认为，美国将自身安全置于首要位置，不顾盟国利益，欧洲只能更多使用欧元和人民币。[②]

中欧货币合作已经取得了不小的进步，这一动向尚未触发美国的公开反应，一则可能因为中欧货币合作逻辑上并无不妥之处，美国不好公开表态；二则可能因为人民币国际化尚属初级阶段，国内金融市场尚需完善、资本项目也未完全对外开放，人民币占全球外汇储备的份额仍然较低，短期内不至于对美元形成现实威胁。此外，美国经济已经在金融危机后明显恢复，强势美元格局基本形成。在这种情况下，美国危机感不强，打压其他货币的动力也不足。

问题在于未来，如果中欧货币合作的趋势持续下去，随着人民币实力的不断增强，以及可能的美国经济实力相对下滑，人民币国际化迟早将引起美国的警惕。而欧洲作为美国的战略盟友，在货币问题上支持美国的竞争对手，可能引起美国的不满。欧洲是否会因为美国而放弃与中国的合作？这一点很难预计，届时会有复杂的博弈，这是美欧双方币权竞争中的一个潜在冲突点。

---

① Benjamin J. Cohen, *The Future of Global Currency: the Euro Versus the Dollar*, p. 46.

② François Godement, "How the US treats its allies: the European banking system under threat," https://www.ecfr.eu/article/commentary_how_the_us_treats_its_allies_the_european_banking_system_unde272.

（3）最可能的态势

展望未来，美欧之间的币权竞争将呈现愈加激烈的态势。有学者认为，冷战结束后，世界发展进入虚拟资本主义阶段，"西方"的概念消失，美欧矛盾的焦点就在于货币霸权的争夺。[①] 在以往的美欧币权竞争中，欧洲几乎都是输家。美国加州大学经济学家巴里·埃森格林认为，欧元要想在国际舞台上挑战美元，以下两种情况必须出现其一：第一，欧洲对主权的态度必须改变，必须向更深层次的政治一体化发展，需要发行欧元债券；第二，美国经济政策出现重大失误，导致其他国家失去对其货币的信任。[②] 就这两方面看，二者并不是没有发生的可能。

就第一种情况而言，此次金融危机和债务危机已经成为欧元区进一步深化一体化的催化剂。金融危机后，面对美元打压，欧洲自知在内部机制缺陷没有弥补的情况下，并无还手之力，因而在应对举措方面，基本上都是围绕着机制建设展开的，另外还有诸多筹划中的规划，包括法国提出的"欧元区政府"、欧委会主席等提出的"五主席报告"等。虽然这些机制建设不会一蹴而就，但较债务危机之前已经进步很多，欧元区已经走上"通往财政联盟的不可逆转的轨道"。[③] 荷兰政治经济学家玛德琳·赫斯莉认为，债务危机给欧洲带来的不仅是风险和挑战，同时也是改革和发展的契机。[④]

从第二种情况看，美国经济出现重大失误的可能性不能排除。希腊、西班牙、葡萄牙等国家发生的危机说明，政府赤字时间越长，所支付的利息就越多，债务越滚越多。有一天，投资者可能醒悟，并得出结论：这些债务不可持续，美国政府支付的利息不过是"庞氏骗局"，美国政府将压低债务的价值，于是开始大规模抛售证券，力争在通货膨胀之前抛出所有的头寸，进而导致美元急剧贬值。从历史经验看，这一场景的发展并不是渐进式的，而是突变式的。

我们前面所说的竞争边界仍然存在，美欧币权竞争虽然会日趋激烈，但突破边界引发全面政治对抗的可能性还是较小。作为货币霸权国家，美国对唯一的竞

---

① 王建：《货币霸权战争：虚拟资本主义世界大变局》，北京：新华出版社 2008 年版，第 48—50 页。

② 巴里·埃森格林：《嚣张的特权：美元的兴衰和货币的未来》，第 156 页。

③ 《欧元区已迈入通往财政联盟的不归路》，英国《金融时报》中文网，http：//www. ftchinese. com/story/001042249/? print = y。

④ 玛德琳·赫斯莉：《欧元：欧洲货币一体化简介》，第 13 页。

争对手的一举一动都会加以关注。欧元区任何在欧洲之外建立有组织货币集团的尝试，都会引起美国的警惕。尤其是涉及美元的传统势力范围，比如拉美和东南亚地区。基于此，尽管很有诱惑力，欧洲最可能的是对自己的行为加以限制，避免与美国发生直接对抗。

总之，美元和欧元的竞争是相对温和的。在全球市场中，两者的竞争将持续激烈，双方都会竭力增强自己货币的吸引力。但在政府间关系层面，市场竞争这一"低政治"领域的竞争，尚不至于演变成"高政治"领域的外交对抗，主要是因为欧洲并不急于挑战美国。尽管双方意愿可能是好的，但错误计算的可能性总是不能排除的，欧洲在中东推广欧元有可能走得过远，在是否支持人民币国际化问题上，长远看也可能产生矛盾。币权竞争无疑将会持续，但双方都会竭力避免失控。最可能的是相互克制，限制地缘政治的紧张程度。[1]

①　Benjamin J. Cohen, *The Future of Global Currency: the Euro Versus the Dollar*, p. 52.

全球能源权力战略：概念建构、理论分析及中国机遇[*]

【内容提要】　　本文试图建构全球能源权力战略的概念，并通过历史分析提高认知。随着能源实力和国际地位的变化，中国的全球能源战略从无到有，从侧重国内到内外兼顾，从侧重利益到侧重安全，从服从旧有能源权力格局到建构自己的联系性结构，经历了不同的发展阶段。能源战略目标从增强能源实力、能源能力，发展到把握能源权力以更好地确保国家安全和利益的阶段。取得部分领域支配性权力的同时发挥广泛的抵抗性权力的作用，在发展过程中构建权力—战略、权力—知识结构，主要抓手在于国际能源政治经济关系的建构和综合运用，战略实施的主要区域扩大到全球能源关系毗连国家和地区，战略实施的主要领域扩大到整个政治经济权力技术中可以影响或关联到能源的方面。这样的战略演进反映了深层次的全球权力政治的格局变化，以及国际能源权力关系格局变化带来的双重机遇，迎来稍纵即逝的战略窗口期，值得引起国内学界战略层面的关注。

【关键词】　　能源战略　能源实力　能源能力　能源权力

　＊　本文受到中国人民大学国际关系学院"建设世界一流学科（政治学）"科研项目支持，感谢匿名审稿人评审意见，笔者文责自负。
　＊＊　李伟，中国人民大学国际关系学院副教授。

一 引言

今天我们有机会谈论能源权力战略，首先得益于中国过往能源战略的持续成功实施、能源实力大幅度增强、能源能力大幅度提升；其次得益于世界政治经济权力的结构性、体系性变化：权力流散、权力转移、霸权衰弱，甚至如德国著名社会学家乌尔里希·贝克所谓的世界经济获得超级权力，呈现全球化时代的权力与反权力动荡；① 最后得益于以乔纳森·科什纳、苏珊·斯特兰奇为代表的一批学者对全球结构性权力理论的创造性运用。② 在当前世界政治经济体系以及世界能源体系发生百年未有之大变局之际，如何直接把握运用能源权力关系，致人而不致于人，并更多地把控和影响世界能源发展，是思考能源战略的重点。

重大战略机遇期不容错过。按贝克的理解，这是一场避不开的超级权力斗争，甚至都不必是针对某个特定国家的零和博弈，而是适应未来趋势的正和博弈，我们注定是权力史上发生的最大变化的见证人，③ 甚至"在过去五百年中，世界的最大变化就是大多数社会中的社会控制（权力）分布发生了根本变化"。④ 正如世界政治或全球政治学科学术书籍出版繁荣所昭示的那样，以往的旧格局正以摧枯拉朽之势退去，国家与亚国家行为体、超国家行为体结成更加复杂的多元关系，安全、生产、金融、知识四个主要权力结构和交通、贸易、能源、福利四

---

① 乌尔里希·贝克：《全球化时代的权力和反权力》，蒋仁祥、胡颐译，桂林：广西师范大学出版社2004年版，第53页。

② Susan Strange, *The Retreat of the State：The Diffusion of Power in the World Economy*, Cambridge：Cambridge University Press，1996；2005年中文版发行，参见苏珊·斯特兰奇：《权力流散：世界经济中的国家与非国家权威》，肖宏宇、耿协峰译，北京：北京大学出版社2005年版。Jonathan Kirshner, *Currency and Coercion：The Political Economy of International Monetary Power*, Princeton：Princeton University Press，1997；2013年中文版发行，参见乔纳森·科什纳：《货币与强制：国际货币权力的政治经济学》，李巍译，上海：上海人民出版社2013年版。

③ 乌尔里希·贝克：《全球化时代的权力和反权力》。"我们是权力史上发生的最大变化的见证人。全球化必须当作权力平衡和权力规则的以民族、国际、国家为主导的机制的一种渐进的、后革命时代的、具有划时代意义的转型来解读。在世界经济和国家的关系中，正在进行一场超级权力游戏，一场权力斗争，在这场斗争中，民族和国际的国家体系的权力平衡和权力规则都将发生变化和重新定义，特别是经济，因为经济已经冲出领土主权的、由民族国家安排的权力游戏的牢笼，并且与领土主权观念根深蒂固的国家相比，已经在数字空间掌握了新的权力战略。超级权力游戏就是围绕权力展开的争论和斗争，同时改变世界经济的民族国家的规则。"

④ 乔尔·S. 米格代尔：《社会中的国家——国家与社会如何相互改变与相互构成》，李杨、郭一聪译，南京：江苏人民出版社2013年版，第50页。

个次级结构变化纷呈,[①] 国际政治经济权力呈现多元化、网络化、日常化、流动化、转移与流散等特点,这样的变化在不断地重新界定国际政治经济体系中追求权力和财富的竞争规则并重塑秩序。自1997年乔纳森·科什纳的名著《货币与强制:国际货币权力的政治经济学》出版以来,可操控的权力结构日益受到重视,经济权术重新得到关注,[②] 中国也大力推进人民币国际化战略,制衡美元,争取货币权力,实施经济制裁、个别约谈等权力技术工具和手段。但相比之下,对同样举足轻重、更具操控性和相比货币权力更易实施的能源权力结构及技术,相关讨论却显得沉闷得多,鲜有学者提出明确的能源权力战略、策略、政策和操作的理论和实践问题。当前能源结构是安全结构的重要部分、是全球生产网络的重要部分、是石油美元体系的重要部分、是交通贸易福利的重要部分,也是现代知识的重要部分和动力。能源权力结构已经不仅仅限于苏珊·斯特兰奇定位的次级权力结构,而是正逐步成为国际政治经济体系中的主要权力结构。事实上,伴随着和平崛起过程,中国在能源领域的国内外实践也是精彩纷呈。

作为中国国家大战略重要的组成部分,中国的能源战略必然服务于并服从于国家大战略,但显而易见的是,好的能源战略能促进和优化国家大战略,而不适当的能源战略则拖累和削弱国家大战略。根据国家大战略的阶段调整,中国的能源战略经历了从单一到系统、从静态到动态、从结构到关系、从专注国内到放眼全球、从边缘到中心、从从属到主导发展的演变过程。当前中国能源战略,已从低碳经济战略,[③] 发展到了本文称为"能源权力战略"的新阶段。

中华人民共和国成立70多年以来,特别是改革开放40多年以来,中国一直都在孜孜不倦地追求强国富民之梦,并取得了举世瞩目的成就,其主要路径和战略方向在于致力于增强国家硬实力,力求人有我有,人无我有,以实力对比的绝对优势或相对优势获取国际政治经济利益。同期中国能源战略遵循同样的思路,谋求能源实力的增强,并在此过程中提高能源能力。中国不仅已经具备把全球能

---

① 苏珊·斯特兰奇把权力划分为四个一级结构和四个次级结构。

② 近年出现了较多讨论地缘经济学和贸易、金融、援助、制裁等经济权术的文献。笔者在图书馆借阅一本 Baldwin 的英文原版 *Economic Statecraft*,不经意中看到居然是高鸿业先生赠书。说明老一辈学者已经关注到这个研究领域了。Baldwin 严谨地讨论贸易、货币、金融、援助、经济制裁等经济权力技术工具时,并没有中文语境下"权术"一词的褒贬之分,中文"玩弄权术"是贬义词,而本文这里沿着国际文献的路径,探讨"经济权力技术"语境下的"权术"是一个中性词语。

③ 李伟:《低碳经济:国际能源战略新路线》,《教学与研究》2010年第2期,第61—67页。

源战略升级到能源权力战略层次的实力和能力，而且在国际政治经济权力格局剧变之下，还必须加快布局实施全球能源权力战略。

二　能源实力、能源能力和能源权力

20世纪80年代兴起对国家实力的量化研究，比较著名的如克莱因的综合国力方程、日本经济企划厅的综合国力模型等，均以国家实力等价国家权力来对世界体系中的国家进行比较分析。克莱因方程风靡一时，被包括中国在内的各国学者广泛引用，方程认为综合国力等于以下几项的叠加：基本实体（人口与领土）、国家战略目标（国家根本利益的体现）、经济能力（国民生产总值和产业结构）、军事能力（战略核力量和常规兵力），具有一定的解释能力。实力观的重要意义是能够在国家所拥有资源的基础上，将国家分成综合的或某个领域大国、超级大国、中等国家和地区强国等类型，以等级制为基础分析国际体系。然而克莱因的理论在解释实力仍然庞大的苏联解体等现象时遇到极大的困难，表现出理论的重大缺陷。事实表明，如果没有运用国家实力的强大综合能力，即便有强大的实力也是不能获得或行使国家权力的。对中国这样的后发或追赶型国家而言，随着国力的不断增强，我们也能观察到在其能源战略体系中，经历了从追求能源实力到追求能源能力，再到能源权力的过程。

本文认为能源实力（energy strength）狭义的是指当前已经积累起来的能源资源和技术知识；广义的包括更宽泛的国家在其他领域（如金融、贸易、生产）中可转换到能源领域的综合实力，以在不断变化的世界政治经济格局中，从全球范围以比较优惠的条件获取、生产、供给能源，满足国家生产、消费和发展的需求。

能源能力（energy capability）指运用能源实力的方法技巧和知识，涵盖技术、经济、社会、文化、组织、治理网络体系，既包括运用和增强实力的意愿、机制、策略和建构能力，以及主导或主动运用、把握、控制战略和节奏（全球发展节奏、能源发展节奏），节制战略对手运用国际政治工具的政治经济技术和知识；也包括能源学科建设能力、知识（案例、方法、策略）的累积能力、国际能源议题议程及制度机构的建构能力，以及能源科技、历史、文化、政治、外交话语的掌握。国家能源系统的发展具有正反馈效应，一旦形成良性运行体系，就会出现能源实力增强，能源能力增强，能源权力增强，再到进一步增强能源实力的正向循环。

能源权力（energy power）是指在能源实力的基础上，通过主动性地、主导性地、前瞻性地、战略性地、体系性地运用能源能力构建的能源领域中国际政治经济关系性结构，在不同情境下可能表现为局面、态势、格局、体系、条约规制和伙伴，是国际政治中的结构性权力。这样的权力也包括因依赖关系的变化从而抵抗、削弱、拒止和节制竞争对手的能源权力。实际上，追求能源权力可以看作一门把能源实力、能源能力和国际政治经济权力技术结合运用的政治艺术。能源权力、能源能力和能源实力可以形成相互间的正反馈并不断相互强化。能源权力的追求在本质上其实是一种可控的国际治理性的追求，是国际政治经济权力技术构建，是和平崛起的过程中伴随的基于中国话语权的知识—权力域中能源这一子系统的构建。能源权力是一种先发制人权，先发制人的先手权与遏制不同,[1] 更多的是一种节制性权力。

（一）实力、能力与关系性权力

"power" 在不同的语境下被翻译成力量、权力、实力、能力，比如 "world power" 译为世界强国、世界权力，"struggle for power" 译为权力斗争，约瑟夫·奈的 "hard power" 和 "soft power" 一般被译为硬实力和软实力，但亦有译成 "硬" 权力和 "软" 权力的,[2] 奈并没有对它们加以准确区分和定义，也没有将其发展成为国际政治经济学中的一般性权力理论。当然 "power" 在能源领域中也指电力、电能、做功的能力。

虽然 "power" 作为权力、实力、能力区别微妙，加以区别甚至是自寻烦恼，但为分析逻辑计，本文分别界定了能源实力（energy strength）、能源能力（energy capability）、能源权力（energy power）三个概念，三者的关系需辩证看待。主体自身具备的条件称为实力，在体系中得到普遍承认，有能力运用才能称之为权力。实力是潜在的权力，但不等价于权力，不是所有的实力都能兑换为体系中的

---

[1] Brian Massumi, *Ontopower: War, Powers, and the State of Perception*, Durham: Duke University Press, 2015, p. 5.

[2] 苏珊·斯特兰奇：《权力流散：世界经济中的国家与非国家权威》，第16页。这里苏珊意指实力不完全等价于权力，实力需要运用能力去转换才能得到权力。

权力，也并不是所有具有实力的主体都一定能得到权力，这还取决于该主体在体系中运用该种实力的本领，也就是能力，而成功取得和运用，甚至可以用"权术"一词来表达这个意义了。苏珊探讨了实力、能力和权力问题，并认为从语义学上来谈论权力是没有意义的，她认为观察、理解和分析全球政治经济变革，需要一种较为宽泛的权力定义。① "过去拥有权力的业绩并不一定意味着将来仍会拥有权力"，还存在着"巨大的资源能力并不一定能够转化成有效的权力"的可能性。苏珊认为国际政治经济学文献回避权力的原因可能在于经济学认为权力分析不符合经济科学理性，② 而经济理论框架的确难以处理强者可能会利用权力来获得利益规避风险的问题；国际政治领域的霸权迷恋同样也造成国际政治经济学领域肤浅地对待权力问题，"这种迷恋一度排除了世界体系中与权力的性质和使用有关的所有其他问题"③ "对权力性质的关注就几乎毫无例外地集中到了霸权国"，④ 这样的范式长期流行的结果，连带国际政治经济学领域甚至都忽视了权力的双向性特征。

在卢克斯看来，权力通常是"能够被任意运用的双向权力（two-way powers）"，⑤ 观察权力的运用能够显示出其占有情况，计算权力的资源能够提供其分配的情况。卢克斯认为权力是一种能力，而不是能力的运用或媒介，并且当一般意义上的"权力"被用于社会生活的时候，它涉及社会行动者的能力。⑥ 显然，并非所有的能力都是权力。卢克斯指出运用和媒介两类谬误对权力的影响：运用谬误（exercise fallacy）是指想要成为有权力的人就要赢得胜利，也就是要在冲突的状况下战胜他人，在这种情况下，至于权力到底存在于何处，可能是非常容易令人误解的；媒介谬误（vehicle fallacy）则意味着权力在必然被激活（activate）的时候无论如何都会发挥其作用，这种观点误导社会学家和军事分析家将权力与诸如财富和地位或者军事力量和武器装备之类的权力来源等同起来。但是，拥有权力的手段并不等同于就成为有权力的人，美国在越南和战后伊拉克也

① 苏珊·斯特兰奇：《权力流散：世界经济中的国家与非国家权威》，第14—15页。
② 苏珊·斯特兰奇：《权力流散：世界经济中的国家与非国家权威》，第16页。
③ 苏珊·斯特兰奇：《权力流散：世界经济中的国家与非国家权威》，第17页。
④ 苏珊·斯特兰奇：《权力流散：世界经济中的国家与非国家权威》，第18页。
⑤ 史蒂文·卢克斯：《权力：一种激进观点》，彭斌译，南京：江苏人民出版社2012年版，第63页。
⑥ 史蒂文·卢克斯：《权力：一种激进观点》，第63页。

发现拥有军事上的优势并不等于拥有权力。斯宾诺莎辨析了权力和能力，认为拉丁词完全把握了他认为的能力和权力的差异。在《政治论》中，斯宾诺莎在"能力（potentia，局部的、直接的、实际的构造性能力）"与"权力（potestas，去中心化的、间接的、先验的支配性能力）"之间进行了区分，认为能力（potentia）在本质上意味着事物（包括人）"存在和行动的力量"，[①] 并进一步指出"……不对称的权力概念或者作为权力（potestas）的权力或者'统治的权力（power over）'是作为能力（potentia）的权力概念的亚概念或版本：它是通过限制另一个人或者他人的选择使他们处于你的权力控制下的能力，从而获得他们的服从"。[②] 也就是说，权力是能力的一种。

权力在关系调动中得以实施，而且权力不仅存在于支配的一方也存在于抵抗的一方。[③] 福柯把权力看作个体之间（或团体之间）相互诱发和相互回应的关系，认为权力关系、交往关系和客观能力这三者是不同的，反对把权力理解成"能力"，它施加在事物之上，提供改造、使用、消耗或摧毁事物的能力，这种权力诉诸种种直接包含在身体中或由工具作中介的能力。[④] 福柯把权力关系同通过语言、符号体系或任何其他的象征媒介传递信息的交往关系区别开来。虽然交往始终就是一个国家（人、组织）作用于另一个国家或其他国家的某种方式，但种种能指要素的生产和流通之目的或结果却是种种权力效果，这些权力效果并不简单地就是这些能指要素的一个方面。[⑤] 在他人（组织、国家）身上实施其权力不同于人们施加在物之上的权力，施加在物之上的权力对物做修改、利用、消耗或摧毁，诉诸直接位于身体内或借由工具接力中介的种种能力倾向，或者说诉诸"技术能力"，而施加在人（组织、国家）身上的权力则调动了个体之间或团体之间的种种关系。权力实施亦需要相互应答和诱导的行动。权力一词指"伙伴"之间的种种关系，是一组相互引诱和相互应答的行动。[⑥] 在关系型社会中，结构内在化、主观化，权力日常化、习惯化；同样在关系型国际社会中，复合相

---

① 史蒂文·卢克斯：《权力：一种激进观点》，第 65—66 页。
② 史蒂文·卢克斯：《权力：一种激进观点》，第 67 页。
③ Michel Foucault, "Power and Strategies," in Colin Gordon, ed., Leo Marshall, John Merpham, and Kate Soper, trans., Powerl Knowledge: Selected Interviews and Other Writings 1972 – 1977, New York: Pantheon, pp. 134 – 145.
④ 莫伟民：《莫伟民讲福柯》，北京：北京大学出版社 2005 年版，第 77 页。
⑤ 莫伟民：《莫伟民讲福柯》，第 230 页。
⑥ 莫伟民：《莫伟民讲福柯》，第 231 页。

互依赖日益复杂、密切、空间压缩、密度大增，国际战略竞争也日益体现在结构的内在化、主观化，以及权力竞争的日常化和惯例化上。国际社会中的权力亦是双向的，支配或抵抗这两方面都会带来关系权力的变化。国际能源体系中并不存在绝对的霸权，全球能源权力处于多方争夺之中，支配和抵抗都可能节制关系伙伴国家、组织或公司的权力。

（二）能源关系与能源权力关系

能源领域的关系研究起初是以能源专家为主导，社会科学、政治科学、国际政治、国际关系领域的研究为次要层次，最初也更多地接受物质实力为主要特征的能源实力的概念，当然与能源能力相关的一些问题，比如关于资源诅咒，即为什么丰富的资源包括能源资源没有带来持久的发展也得到关注。随后的研究和实践发现仅仅重视物质实力（material power）的能源实力是不够的，还需要重视能源能力，并在运用能源实力、获得能源实力、壮大能源实力的同时，增进其他方面国家实力的这种本领。这样的关注在 1973 年石油输出国组织（OPEC，简称欧佩克）成功运用石油武器取得国际政治经济成果后正式登上历史舞台，但这显然超出了之前传统的国际组织的结构，在国际政治学科甚至引发了对国际机制的研究，[①] 使其成为与国际制度、国际组织并列的三大研究领域之一。中国主动关注和运用这样的全球能源权力关系机制要晚一些。

改革开放以来，中国的能源发展突飞猛进，纯技术的国内能源关系逐步演变为全球能源权力关系。以石油进出口为例，改革开放前中国是石油净出口国，从 1996 年起成为净进口国，到今天中国已成为世界上主要的石油进口国，石油对外依存度甚至可能超过 80%；又如以发电装机容量为标准，加入 WTO 后，中国的发电装机容量突飞猛进；再比如 2008 年以来，能源领域整体呈现出四条交叉的脉络：顶层设计的管理机构变迁、重大改革博弈、技术革命与新兴产业兴起以及新兴能源伦理。[②] 改革开放 40 年以来，中国的能源发展取得了举世瞩目的巨大成就，根据国家统计局数据，中国能源消耗总量由 1978 年的 5.71 亿吨标准煤

---

① 莉萨·马丁、贝思·西蒙斯：《国际制度》，黄仁伟、蔡鹏鸿等译，上海：上海人民出版社 2018 年版，第 507 页。

② 赵紫高：《2008—2017 后零八时代的中国能源断代史——中国能源商业首席担当杂志与它所记录的世界》，《能源》2017 年第 3 期，第 14—15 页。

增长至2017年44.9亿吨标准煤，40年间增长了6.86倍，成为世界能源生产和消费大国。[①] 放眼世界，取得如此大幅度的能源发展，大致只有工业革命时期能与之相比，从1820年到1950年，全球能源工业增加6倍，而人口仅增长1倍。[②]中国加入WTO之后能源高速发展，电力建设创造了世界奇迹，2001—2008年，每年新增的发电装机容量接近法国全国发电量，每年一个法国，这是人类历史上从未有过的波澜壮阔的能源发展。这些变化，都超出传统能源技术领域，形成对全球能源权力关系的冲击和影响。

在世界能源体系中，对能源领域的把控，随着国家实力地位从外围到中心的变化，大致经历着从简单到复杂、从低级到高级的过程。从以能源资源占有、能源技术占有、能源生产实力为重点，到以能源关系建构、消费生产贸易平衡能力提高为重点，最后到以能源权力关系建构为重点，能源权力关系往往与能源的资源占有、技术水平、生产实力、消费能力、平衡能力、调控能力等社会关系交织在一起。在世界政治权力变化的大背景下，能源实力、能源能力在世界经济体系中越发重要，能源实力运用、获得和壮大的本领日益重要，能源权力成为结构性权力的关键因素，以及大国博弈的焦点领域，甚至在某种程度上能源权力上升为主要的结构性权力。

传统国际政治的能力变化往往滞后于实力变化，[③] 历史上曾经出现国家实力对比早已发生变化，但是霸权权力转换交接滞后的情况，这可能是等待战略机遇，可能是算计战略成本，也可能是真正缺乏把实力兑现为权力的能力，然而最终在体系中会体现强者的意志，形成以其为核心的权力结构、权力关系。在今天百年未有之大变局中，能源权力领域也正在发生这样的变化。

罗伯特·基欧汉详细探讨过为什么会发生能源实力转向能源能力再转向能源权力。[④] 他认为制度碎片化、机制复杂化、领导缺失，形成了权力真空。鲍德温在探讨关系性权力的实现路径时[⑤]提到权力概念的关系性是第一原则，对

[①] 国家统计局数据，http：//data. stats. gov. cn/easyquery. htm？cn = C01&zb = A070E&sj = 2017。

[②] Massimo Livi-Bacci：*Population and Nutrition*：*An Essay on European Demographic History*，New York：Cambridge University Press，1991，p. 28，转引自弗朗西斯·福山：《政治秩序的起源：从前人类时代到法国大革命》，毛俊杰译，桂林：广西师范大学出版社2012年版，第453页。

[③] 安德鲁·海伍德：《全球政治学》，北京：中国人民大学出版社2014年版，第205页。

[④] Robert O. Keohane，David G. Victor，"The Transnational Politics of Energy，" Daedalus，vol. 142，no. 1，2013，pp. 97 – 109.

[⑤] Balwin D A.，*Economic Statecraft*，Princeton：Princton University Press，1985，pp. 22 – 23.

分析自成一体的治国之术有启示作用。这些含义可以用"关系概念"和"属性概念"之间的区别来说明。一个国家的人口、领土和财富都是财产，可以不参照其他国家来定义和衡量。同样，政策、决定、影响、企图、意图等治国工具也是一个国家的属性，因为一个人不需要知道任何关于其他国家的东西来描述它们。从某种意义上说，他们被他们所属的国家所拥有和控制。与这些属性相反的是诸如影响力、能力、权力基础和权力资源等术语，这些术语在某种意义上是关系性的，即它们表示两个或多个参与者之间的实际或潜在关系。能源关系领域存在着大量的参与者之间的权力关系。福柯认为权力是一种生产，是权力实施者和被实施者权力关系的生产，这样的生产首先建立在现实生产关系结构性权力的基础之上。中国在能源领域迸发出强大的生产能力，同时也在消解能源领域传统的权力关系，有条件在扩张生产的同时，阻滞、抵抗、节制战略对手的权力，把握、构建、实施自己的权力，以更好地确保国家战略利益增长。

三 对能源权力和能源战略的再认识

近年来，全球能源体系中的权力战略问题逐渐引起部分国内学者的关注。王波提出国际石油体系中石油秩序的演变和权力交替，经历了由英国主导的强制秩序、OPEC 主导的国际秩序、有管理的自由主义石油秩序、美国主导的强制秩序及美国霸权护持下的合作与规则秩序等几个主要阶段，能源权力被争夺并且存在反复和松动，认为"国际石油秩序是否为美国所控制，即美国对石油供应和价格规则的掌控能力，是影响美国国内石油安全政策的主要变量"。[①]孙溯源详细刻画了世界石油体系的权力空间、权力世界、权力真空及变革机制，并提出了石油中心—外围—挑战者权力结构模型。[②] 许勤华认为中国全球能源战略目标的重心从单纯增强能源实力转变到"能源实力转化为能源权力"，[③]将能源权力分解为油权、市场权、金融权、技术权、资源权和碳权，认为能源

---

① 王波：《美国石油政策研究》，北京：世界知识出版社 2007 年版，第 23—56 页。

② 孙溯源：《国际石油公司研究》，上海：上海人民出版社 2010 年版，第 50、123—131 页。该研究认为石油、权力和资本共同构筑了世界石油体系。

③ 许勤华：《中国全球能源战略：从能源实力到能源权力》，《人民论坛》2017 年 3 月（上），第 62—68 页。

权力出现了分散化的趋势，通过建设石油天然气管线等能源网络，通过投资，使欧亚大陆的权势和地缘意义重新凸显，而中国也因此将能源实力转化为沿线国家可以接受的能源权力；[①] 但该能源权力概念仍然是单向的、单一的、强制性、一维的，没有纳入因世界政治经济体系复合依赖产生的多维的、多边的、双向的关系性权力的外延和内涵，侧重于梳理中国全球能源战略历史、中国能源实力的构成因素、世界能源的转型以及向"一带一路"沿线国家提供能源公共服务。目前国内能源领域学术界对能源权力战略并没有足够的重视和反响，专题谈论能源权力的文献仍较少。这一方面是因为受到中国过去长期奉行的"韬光养晦"的国际政治经济博弈态度的影响，另一方面亦受到知识界对探讨权力技术（权术）问题的传统的贬抑态度的影响。下文将详细探讨能源权力的话语生成、能源权力如何成为相关国家的战略选择以及中国实施全球能源战略的重大意义。

第一，权力本身是一种战略。权力和战略天然联系在一起，权力是战略的目标和保障，战略是权力的抓手和辐射。权力结构化形成的制度一旦建立，同样也会产生出具有政治权力的职位和激励系统，如同贝茨观察到的那样，"制度决定了战略可能性并强制实施各种限制"[②]。福柯就如何研究权力的战略特征提供了一些基本思路，即权力并不是一种对某物或某人的"所有权"，而是一个"战略"，是一整套"计谋、策略、技术、运用"，它们被挑选出来，并且按照其功效加以运用。[③] 这样的权力—战略同构关系同样适用于国际社会中类似能源权力的范畴。这种对权力的运用能够预先规划，"被计算、被组建、被具体地设想出来"，但它又不需要调动"武器"或"恐惧"，即使它能够"保留一种物质的秩序"。这种涉及身体（个体、组织、国家）的"政治技术学"温和的强制行为是很难被发现的，因为它"几乎没有形成连贯的、系统的话语；它往往由各种零星的片断所组成"，并且聚合了一套形形色色的工具

---

① 许勤华：《中国全球能源战略：从能源实力到能源权力》，第 68 页。原文提出："中国在'一带一路'区域的能源投资，使欧亚大陆的权势和地缘意义重新凸显，而中国也因此将能源实力转化为沿线国家可以接受的能源权力，日益成为海陆复合型的世界强国。"

② Robert H. Bates, *Beyond the Miracle of the Market*, Cambridge：Cambridge University Press, 2005, p. 6, 转引自乔尔·S. 米格代尔：《社会中的国家——国家与社会如何相互改变与相互构成》，第 248 页。

③ 米歇尔·福柯：《规训与惩罚：监狱的诞生》，刘北成、杨远婴译，北京：生活·读书·新知三联书店 1999 年版，第 26 页。

和方法。因为这种权力形式来自不同的源头，所以它是一种"形式多样的操作"，并且"无法固定在某种特殊的制度结构或国家机器中"。这种（国际）社会制度并不是一种来自上层力量（如国家）的宏观权力，而是一种"权力的微观物理学"，它往往以不可见的、不引人注目的方式，在我们常常认为是限制自己的力量的缝隙中发挥作用。这种社会制度同样也是微观的，因为它并非看上去那样从"外部"发挥作用，而是从我们的"内部"并"通过"我们的身体而发挥作用。① 全球能源权力关系微观结构中，支配和抵抗都能引发能源关系性权力的变化。显然，在能源领域，日常的普通的抵抗是更好的权力斗争形式。权力斗争采取的战略形式长期被误解了，如果认为斗争的形式就只是冲突，那么显然一切可以缓解或限定冲突的行为都将被视为刹车或阻碍。准确地讲，事实上问题在于是否冲突的逻辑可以作为政治斗争可理解的原则和行动的规则。这就触及为什么19世纪以来斗争和斗争的策略是如此不断地趋向于被化约到矛盾的贫乏逻辑中的重大政治问题。今天，如果我们思考国际能源权力竞争的形式、目标和手段，在国际政治中显然可以采取抵抗而又不至于冲突的战略形式。

第二，能源权力是一个不断变化的历史范畴，对在现代体系中和平崛起的大国而言，有很大概率会在某一个发展阶段需要采纳全球能源权力战略。虽然有一个在国际社会中重要性稳定上升的结构性能源权力关系，但由于不存在唯一霸权而且争夺激烈，能源权力关系处于不断的博弈调整中，是一个不断变化的范畴。王波注意到能源权力是可以交替掌握，并且不断变化的，② 国际体系中的石油权力先后由英国、OPEC、七姊妹公司、美国主导。以OPEC为例，其1973年实施的石油武器可以看作其能源权力的顶峰，随着西方消费国建立经济合作与发展组织（OECD）和国际能源署（IEA），祭起石油储备方法，其能源权力、权势、影响力和权威就每况愈下，2019年OPEC主要国家沙特阿拉伯甚至把其国有石油公司公开上市，向市场让渡了部分股权。美国众议院最近决定在2020年国防预算案中规定对北溪－2天然气管道项目进行制裁，这打击了俄罗斯的天然气权势扩张。卢克斯认为洛克捕捉到权力代表了一种潜在

---

① 安妮·施沃恩、史蒂芬·夏皮罗：《导读福柯〈规训与惩罚〉》，庞弘译，重庆：重庆大学出版社2018年版，第40页。

② 王波：《美国石油政策研究》，第21—25页。

的可能性,① 寻求全球能源权力就是寻求能源战略胜利的潜在可能性。国家全球战略的调整就是在追求国家利益的原则下,根据国际环境变化对资源进行更加合理的配置。国际战略环境是由国际战略格局的权力结构与国际行为体的互动关系共同构成的,国际能源体系以及全球政治经济体系的重大变化决定了中国的全球能源战略从增强能源实力走向增强能源能力再到追求能源权力的选择。迈克尔·曼在《社会权力的来源》中,把意识形态、经济、军事和政治视为权力的四大来源。能源权力源于经济权力,同时涉及军事权力、地缘政治权力和意识形态权力,穿插了强制、交换和说服的各种权力手段的运用以及权力组织密度的增进。能源本身与权力相联系,现代能源服务是现代生活的基础,是可持续发展的基本能源权力。② 公平可得的能源全球制度议程仅仅是最近才有动力推动的,但这个目标在联合国千年发展计划中却被引人瞩目地删掉了。2010 年联合国大会宣布2012 年为人人可享有可持续能源国际年,2012 年在里约热内卢举办的联合国可持续发展大会("里约 + 20"峰会)上,设置了特别的议程制定一套新的可持续发展议程(SDG),并且在 2015 年 9 月被联合国采纳,议程中提出将可支付的、可靠的、可持续的能源作为优先目标。随着气候变化愈演愈烈,低碳经济成为能源权力博弈的新焦点,能源权力又衍生出了碳权的内涵。

第三,后冷战时期能源权力的参与和争夺更加普遍,有必要形成以能源权力构建为重点的能源战略,即全球能源权力战略。能源权力和货币权力类似,都是传统国际体系权力松动特别是冷战中后期美苏两极体系瓦解的结果,都是晚近才进入国际政治经济学研究视野及政策实践,但在今后一个阶段,在复合相互依赖的国际社会政治经济体系中,货币权力和能源权力都将是国际政治经济斗争争夺的重要领域和焦点话题,必然会产生各自独立的国际政治经济学权力理论和权术实践。对货币的主权控制是国家最紧密捍卫的特权之一,但以主权为代价的敏感性一直阻碍这个领域通过强硬的法律,也极少有国家争夺美元的货币霸权。③ 相对于货币权力的单一的运用和集中的领域,能源权力更具有

---

① 史蒂文·卢克斯:《权力:一种激进观点》,第 62—63 页。"因此,让我们对洛克的定义进行扩展,假定拥有权力是能够制造或取得变革,或者是能够抵制变革。尽管这种概念非常普通,然而却具有几个特殊的涵义。它意味着权力是一种具有倾向性的观念。它确认了一种能力:权力是一种潜在可能性。"

② Van de Graaf, T. , et al. , eds. , *The Palgrave Handbook of the International Political Economy of Energy*, London:Palgrave Macmillan, 2016, p. 19.

③ 莉萨·马丁、贝思·西蒙斯:《国际制度》,第 353 页。

全球化时代世界政治经济体系下的宽泛性和普适性，具有更多的参与方、更长的时间线、更大的运作空间以及更多地体现可耗竭型资源商品的特性。能源权力可以分解为油权、市场权、金融权、技术权、资源权和碳权，广泛分布在勘探、开采、生产、技术、研究、开发、经济、市场、销售、消费等多个市场环节，煤炭、石油、天然气、水能、风能、光能等多个品种，汽车、飞机、火车、轮船、家用电器等多种能源转换器行业，加之每个国家都需要能源，并以不同的形式和位序与能源权力关系相衔接，也几乎没有一个国家是能源完全自给自足而不与全球能源权力体系相联系的，在能源权力的争夺中，在支配和抵抗的过程中，几乎所有的国家都会参与某种形式的能源权力的争夺，在自我均衡严重不足的大国之间、意图控制体系的强国之间，争夺尤其激烈，能源权力的争夺成为国际政治中的普遍现象。能源赋予的权力结构包括移动能力权力、替代率权力、武器能源权力等，这些衍生权力结构中的争夺就更加普遍了。

第四，在抵抗过程中产生权力的战略。福柯讨论了一般情况下的权力形成过程，认为在产生权力的地方必然有抵抗，而这种抵抗战略一样会成为抵抗者的权力。国际能源领域是这种抵抗性权力结构的典型领域，能源领域并不存在绝对的支配性权力，反而存在着广泛的因抵抗和竞争而产生的权力关系。一是抵抗和支配之间的联系勾勒出取得支配的一般条件，主导权力被组织成一个或多或少连贯的独特的战略形式；分散的、异质的、局部的权力过程被适应、被加强和被这些全球战略所改变，所有这些都伴随着许多惯性、位移现象和抵抗；因此我们不应假定一个巨大的支配的原始条件，一个二元结构一边是"主宰者"，另一边是"被主宰者"，不是多种权力关系的生产，而是权力关系的多种形式的产物部分容易融入整体策略。二是权力关系确实"有用"，但是一点也不是因为它们是为经济基础服务的，而是因为它们有能力在战略中使用。三是没有抵抗也就没有权力关系，抵抗更真实有效，因为它们恰恰就是在行使权力关系的这个点上形成的；对权力的抵抗不一定非要从别处来才是真的，不是真的作为一个权力，也不是无情冷酷令人沮丧的始终伴随权力。它更多地存在于权力产生的同一个地方，因此抵抗与权力一样也是多重的，可以融入全球战略。

第五，现阶段中国在抵抗能源供应安全压力的过程中形成自己的一部分全球能源权力。美国、OPEC、俄罗斯等都可能对中国的能源权力产生压力，从而引发抵抗，抵抗与权力相伴，能源权力的争夺弥漫在整个关系网络之中，存在于超国家、国家、亚国家各种主体之间。福柯曾讨论到抵抗性权力与战略问题，[1] 面对权力无处不在的影响和塑造，不论是国家、社会、阶级、集体抑或个体，抵抗权力的一方极少能获得摆脱这种权力控制的自由，为争夺这样的机会以实现自由，抵抗的一方更有必要构建与权力变化相关的战略。按照福柯的观点推论，抵抗和摆脱的战略过程，必然也是自我权力同时构筑的过程，权力和社会同构，权力变了，社会和社会中的个体亦会同时发生变化，国际社会和国际社会中的国家、阶级、集团和个体亦是如此。全球能源权力战略究竟是一种什么样的战略？对中国而言，权力与战略问题首先是在面对超级大国美国石油—美元秩序这样一种压迫装置，为摆脱战略被动而实施的一种抵抗战略，并且设置自己的抵抗装置。福柯观察到权力关系和其他类型的关系如生产、家庭等交织在一起，这些其他关系往往立马转换成权力关系的条件背景或角色；[2] 和苏珊观察到的安全、生产、金融、知识的结构性权力类似，两位顶尖学者都观察到，唯有能源既是国际争夺的焦点，也是个人生存的基础。

四 能源权力成为新的全球战略选择

（一）能源文明发展同构催生能源权力战略

最近十多年才兴起的新的能源史学研究表明，能源是人类历史发展的主线之一，为保障国家经济社会发展，必然不得不捍卫发展必需的能源权力，尤其是后发国家在面临能源空间逼仄的国际空间压迫时，把握全球能源权力尤为重要。能源体系往往根植于并且决定着一国经济体系的社会文化乃至文明建构，发达国家无一例外均出现了能源消耗增长和 GDP 增长同步。例如罗斯福以降的精英倡导美国梦，大车大房大家的生活，在激励数代美国人的同时，也造就了美国高耗能的城乡空间布局方式以及与之相匹配的高耗能生产生活方式，导致美国"沉迷

---

[1] Michel Foucault, "Power and Strategies", in Colin Gordon, ed., Leo Marshall, John Merpham, and Kate Soper, trans., *Power Knowledge: Selected Interviews and Other Writings* 1972 – 1977, New York: Pantheon, pp. 134 –145.

[2] Michel Foucault, "Power and Strategies", in Colin Gordon, ed., Leo Marshall, John Merpham, and Kate Soper, trans., *Power Knowledge: Selected Interviews and Other Writings* 1972 – 1977, New York: Pantheon, p. 142.

于石油"（addict in oil），形成难以摆脱的高耗能消费主义社会的模式，这其实一度也是美国霸权衰落的内部根源之一。

新的能源史观认为能源体系和社会构建同步发展，天然是政治经济社会技术史的重要同构部分。如《消费能源：美国能源的社会史》描绘了不同历史阶段的美国如何通过对能源的文化选择改变生活方式的图景。书中描述了六次美国能源转变，分别是人力、航船、水能、煤炭、石油、电子能源，分别对应农业经济、第二次工业革命、消费经济时代，最后还在阐述美国能源危机及环境问题的基础上，探讨了高能耗社会转变的可能性。[①]

能源和文明同构的共识进一步突出了掌控能源权力的重要性，[②] 能源权力事关文明存亡。然而，社会科学领域的学者和知识分子与物理学家不同，因为他们对探索什么是不变的不是很感兴趣，而是寻求对变化的解释。在这个过程中，学者贡献了所谓的"能源文明方程式"，即从能源消耗的增加中推断出社会成就（文明）的思路。"因为我们使用的煤炭是我们祖先的一百一十倍，我们相信自己在智力、道德和精神上都比别人强一百一十倍。"这就是反乌托邦小说《美丽的新世界》的作者阿道斯·赫胥黎讥讽地提出的能源文明方程式，许多其他作家和思想家认为这是一个有效的构想。激进的创新，如蒸汽机、内燃机和电动机器，从根本上改变了现有的能量机制，导致了热力学的发展，牛顿物理学中功和能之间的关系的基本公式的确立，以及第一定律和第二定律的建立。同时，它们也启发学者们将能量定义为贯穿人类历史的驱动力，并对所有变化负责。

能源史研究表明，传统的以化石能源大量消耗为基础的经济增长已经不可持续。简言之，消耗过程抵消了上述关于技术进步和经济持续增长的信念，同时承担着严重的经济和政治风险。[③] 各国必然独自或集团式地迟早走向低碳发展的路径，采取低碳经济的战略。[④] 面对未来可能高达 100 美元/吨的碳排放税，关于

---

① 刘春燕：《文化·能源·生活方式——评戴维·奈的〈消费能源：美国能源的社会史〉》，《南京工业大学学报》（社会科学版）2016 年第 1 期，第 83 页。

② David E. Nye：*When the Lights Went Out. A History of Blackouts in America*，Cambridge：MIT Press，2010，转引自：Möllers N, Zachmann K., *Past and Present Energy Societies：How Energy Connects Politics, Technologies and Cultures*，Transcript Verlag，2012，p. 9。

③ Maximilian Mayer, Mariana Carpes, Ruth Knoblich, eds., *The Global Politics of Science and Technology-Vol. 2：Perspectives, Cases and Methods*，Heidelberg：Springer，2014，p. 93.

④ 李伟：《低碳经济：国际能源战略新路线》，第 61—67 页。

全球能源权力的争夺会更加激烈，全球能源权力战略将成为世界各国的共同选择。

（二）强国不得不掌握相应的全球能源权力

以石油为代表的能源是现代社会能够顺利运转的血液，所以成为各国争相掌控的焦点。此外，与货币权力根植于国家主权、美元是唯一全球货币不同，能源权力领域没有哪个国家拥有绝对的优势和掌控，当前国际社会能源权力争夺是常态。历史上，包括石油在内的能源资源曾经只是世界经济体系中普通的贸易商品，今天却成为寻求世界政治中权力和财富的焦点之一，强国都希望掌握部分全球能源权力。在进入现代社会之前，各国基本都处于一种能源自给自足的状态，事实上直到第二次世界大战后的恢复期，大部分发达国家的能源消耗几乎都产自国内，20世纪70年代之前并没有什么持续的政府间多边能源合作项目。大多数工业化国家国内都拥有大量的煤炭，因此几乎没有必要开展国际煤炭贸易。虽然在1950年至1970年间，欧洲的经济从以煤炭为基础的经济向以进口中东石油为基础的经济转变，但主要石油消费国都集中在经合组织内部，石油供应非常稳定，因此也没有成立独立能源机构的紧迫需求。在石油方面，OECD只通过了两项仅适用于本组织的欧洲成员国关于库存和石油分配的立法措施。[1] 直到1970年，美国仍是世界上最大的石油生产国，能自产占其消费总量的85%的石油，1973年还实施强制性石油进口配额。在第二次世界大战后，以得克萨斯州铁路委员会为代表，美国国内的州级管理机构开始通过颁布政策限制产量来维持石油价格不下降。整体上这个时期西方国家面临的是产能过剩的问题，世界石油市场是买方市场。同时期，国际石油贸易掌握在一小撮有美国或欧洲背景的公司手里，其代表就是业内熟知的"七姊妹"国际石油公司。在第二次世界大战后最初的15年时间里，这种寡头垄断的市场结构非常稳定，但情况在1960年开始改变。当时在委内瑞拉和沙特阿拉伯的倡议下成立了OPEC，这两个国家的初衷是试图效仿美国得克萨斯州铁路委员会的配给政策，通过限产来抬价，但遭到其他创始成员如伊朗、伊拉克和科威特的反对。OPEC最初并不是作为一个卡特尔组织成立的，而是作为一种工具，通过集体行动谈判特许权使用费和税收而减

---

[1] Colgan J. D., Keohane R. O., Van D. G., "Punctuated Equilibrium in the Energy Regime Complex," *The Review of International Organizations*, vol. 7, no. 2, 2012, p. 123.

少对国际石油公司的依赖。其间，苏联及其盟国处于这一体系之外，在石油方面基本上自给自足。更重要的是，石油出口各国已经成功地逐步控制了生产和价格。

OPEC 的兴盛及其所表现出的明显有权力推翻先前对于油价的理解和供应的安排，显然超出了传统的国际制度和国际组织的结构研究，OPEC 在 1973 年使用的石油权力，甚至引发国际机制这一分支的学术研究。[①] 在 OPEC 攫取能源权力时，西方国家并没有动用国家力量来维护其石油公司的利益，这也许是苏伊士运河危机带来的多米诺骨牌效应，美国有意终结旧的列强体系，潜在地也阻止了西方国家直接干预的行为方式。

一个特别的例子是国际原子能机构（IAEA）。[②] 事实上，直到 20 世纪 70 年代初，主要能源消费国之间几乎没有结构性的国际能源合作，只是在核能领域有一个多边机构：1957 年在维也纳成立的 IAEA。IAEA 的建立既是出于对核武器军备竞赛的恐惧，也是出于对核能这一新能源的热情。页岩气革命是能源权力争夺的另一个例子。页岩油已经发现和开采了几十年，为什么会在 2012 年冒出页岩油革命？这可能是因为美国反恐战略导致石油美元关系松动；同时页岩气革命打开一个缓和的窗口，但可能并不会持久。丹尼尔·耶金甚至认为到 2020 年美国可以再增加一个委内瑞拉或科威特的石油产出。页岩气革命直接宣告了俄罗斯领导创立天然气 OPEC 的愿望落空，这显示能源权力的争斗还表现在破坏竞争对手掌控。

此外，对能源制度、机制日益复杂的认识也迫使各国选择能源权力战略。基欧汉等人发现，1950—2010 年，能源制度复杂性发生了四波演进。[③] 他们的经验方法是追踪国际能源制度综合体在战后时期出现并发生的变化。这种变化从创建新的组织和组织之间的联系、包括新的主要成员即有潜力重塑的成员组织以及重大的内部结构变化例如投票权的单位或重大变化三个方面促进了全球能源权力战略。

气候问题进一步加强了能源问题的紧迫性，加剧了全球能源权力的争夺。创

---

① 莉萨·马丁、贝思·西蒙斯：《国际制度》，第 508 页。

② Colgan J. D. , Keohane R. O. , Van D. G. , "Punctuated Equilibrium in the Energy Regime Complex," p. 123. .

③ Colgan J. D. , Keohane R. O. , Van D. G. , "Punctuated Equilibrium in the Energy Regime Complex," p. 122.

设高效的能源政策之所以困难，部分原因在于能源政策需要非常有效的国际协调。以最突出的气候变化为例，控制导致全球气候变化的温室气体排放问题或是建立储备以及石油供应更安全均需要国际协作，而这样的国际协作固有地非常困难。在更小的相关国家群体中来协作是一个更具有可行性、更易于管理的解决办法。成功的合作会进一步刺激形成具有可操作实施机制的解决能源气候问题的国家联盟，这也取决于是否能够建立起兼顾各成员利益的、具有弹性的合作机制。这样的机制往往更容易由去中心化的复杂的协作网络产生，而非在一个单一的、层级化、条约化的政府间整合的关系体系中产生。

（三）人类智识进步促进能源权力战略选择

关于能源的智识发生革命，学界逐步认识到社会经济的发展在资本、土地、劳动力三大基本要素之外，还应该加上能源要素。在人类对资本、土地、劳动力的开发和知识普及到一定程度之后，维持日常运作刚性消耗的能源甚至在某些条件下会成为最重要的要素。能源是文明的基本要素和决定要素，什么样的能源承载什么样的文明。正是因为能源领域的知识进步，促进了能源权力关系的建构和主要国家全球能源权力战略的选择。

在知识—权力的意义上，能源的历史被重新重视和深入研究，成为新的主流和前沿领域。这样的进步表现在对能源的历史研究也是逐步从单一的、片面的、辅助性的阐释史，迈向整体的、全面的、主线索阐释的分析史，涌现了一批能源史专著专史以及工具书。[1] 人类从智识进步的视角，重新书写能源和人类社会发展的历史。虽然能源的经济史、技术史、商业史、资源史、地区或国家能源开发史、能源企业史已经有较长时间的研究，但独立的以能源作为社会政治经济基本方面和主要线索的能源史却是最近才兴起，如果以斯米尔的开创性文献《世界历史中的能源》[2] 为标志，兴起也只有近 20 年的时间。遗憾的是目前国内尚没有能与之比肩的能源史专著。近代史学先后形成了政治史、经济史、社会史、文化史、科学技术史、环境史等研究分支，晚近出现的西方环境史也有 50 年历史

---

① 如 Cutler J. Cleveland, *Concise Encyclopedia of History of Energy*, Boston: Academic Press, 2009, p. 354。

② Vaclav Smil, *Energy in World History*, Boulder: Westview Press, 1994.

了。[①] 能源史长期作为经济史的一部分，也一度作为环境史的一部分来阐释，如麦洛士的《能源大都市：休斯敦湾区的环境史》。[②] 由阿斯特丽德·坎德等三位作者合作完成的著作《欧洲五个世纪的能源》于 2014 年由普林斯顿大学出版社出版。全书基于欧洲经验考察了能源在政治经济社会体系中的作用。此外，三人还分别研究了意大利、英格兰、威尔士、瑞典等国的能源消耗和经济发展历史，出版了《意大利 19 世纪至 20 世纪的能源消耗》《英格兰和威尔士的能源消耗（1560—2000）》《瑞典的经济增长、能源消耗和二氧化碳排放（1800—2000）》。[③] 能源史学关注的重点遵循了从早期的大企业、行业、工业的历史，如早期对标准石油公司等的历史研究，[④] 转移到 1973 年石油危机后国际石油公司与民族国家关系史，[⑤] 再到 21 世纪国别及大区域整体能源历史的路径，[⑥] 而且内容也逐渐深入社会政治经济文化体系的核心。[⑦] 关于现代能源技术、工业、能源企业、地区的能源历史研究比较丰富，能源对经济发展的作用很早就被历史研究者注意到了，如未来资源委员会在石油危机后组织编写了《能源对美国经济的作用 1850—1975》，[⑧] 而历史研究长期以来也成为能源经济研究的固定内容[⑨]。

国际体系中的权力和知识往往同构，并且依赖话语来传递。中国能源战略指向全球能源权力战略本身是一种重要的话语建构。[⑩] 因此，如同布迪厄承认机制和终结的内在性，知识也不能被理解为外部的，作为一种可操作的特定权力，能

---

① 王凛然：《改革开放时期环境史研究刍论》，《中共党史研究》2018 年第 1 期，第 30—33 页。

② Melosi M. V., *Energy Metropolis：an Environmental History of Houston and the Gulf Coast*, Pittsburgh：University of Pittsburgh Press, 2007, p. 344.

③ 肖艺伟：《评阿斯特丽德·坎德、保罗·瓦尔德、保罗·马拉尼马〈欧洲五个世纪的能源〉》，《全球史评论》2018 年第 1 期，第 235—238 页。

④ Ida M., Tarbell M., *The History of the Standard Oil Company*, The Macmillan Co., 1925.

⑤ Bamberg J. H., *British Petroleum and Global Oil*, 1950 - 1975：*the Challenge of Nationalism*, Cambridge：Cambridge University Press, 2000.

⑥ Stephen C. Cote, *Oil and Nation：a History of Bolivia's Petroleum Sector*, Morgantown：West Virginia University Press, 2016, p. 200.

⑦ 瓦科拉夫·斯米尔：《能源转型：数据、历史与未来》，高峰、江艾欣、李宏达译，北京：科学出版社 2018 年版。

⑧ Resources for the Future, *Energy in the American Economy*, 1850 - 1975：*an Economic Study of its History and Prospects*, Baltimore：Johns Hopkins Press, 1980, p. 774.

⑨ Roy L. Nersesian, *Energy Economics：Markets, History and Policy*, Routledge, Taylor & Francis Group, 2016, p. 628.

⑩ Sadiya Akram, Guy Emerson and David Marsh,（Re）Conceptualising the Third Face of Power：Insights from Bourdieu and Foucault, *Journal of Political Power*, vol. 8, no. 3, 2015, p. 349.

源权力从特定的约束中产生，并且能源权力是分散的和生产性的，渗透到国际社会日常事务当中。不论一个国家是否选择全球能源权力战略，能源权力的运作从来没有被隐藏，而是不知不觉地实践着。它是我们行为的习惯，我们的身份假设和我们所说的语言。监管和实践是内在的彼此之间，而不是通过意识或外部的结构。能源权力关系管道并非不同或对立的信仰，相反，指的是未声明的，被认为是理所当然的假设或常识，它可以作为传递能源权力关系的渠道。① 人类智识的深入将进一步促进国家全球能源权力战略的选择。

五　中国的全球能源权力博弈机遇期

从能源实力来看，中国在能源领域取得多项重大突破，尤其是成为低碳新能源领域全球领先国家；在风能、光伏发电等新能源，水电、第四代核电等低碳清洁能源领域取得领导地位，在可燃冰、核聚变等超前技术方面也取得可喜进展。中国在低碳经济发展的道路上取得可喜的成绩和进步，有效地节制了敌对势力和潜在的竞争对手利用中国高度对外的石油进口依赖等软肋，以能源权力操纵国际能源体系限制、遏制甚至攻击中国的行为。

当前，为了确保能源安全、发展路径安全，进一步增强掌控和影响世界能源体系的能力，切实把现有的能源实力，转换成世界体系中的能源权力，由我主导，以我为主，这符合当前中国整体战略的需要。本文前面论证了这种能源权力的掌控和能源权力战略实施的可行性，但战略机会、战略窗口期稍纵即逝，必须增强紧迫感，坚定明确地实施全球能源权力战略，把过去零散出现在各个重要战略中的能源权力战略显现出来，集中地、系统化地加速推进。针对权力的政治斗争，全球能源权力战略作为一种工具理论，只能一步一步走，如同棋局博弈，先机稍纵即逝，而当前中国走到了实施全球能源权力战略的关键时刻。

（一）全球能源权力格局呈现出结构性变迁临界状态

能源转型竞争以及能源革命进入高潮推动中国加快实施全球能源权力战略。1973 年石油危机以后，能源转型开始受到热议，当前气候危机加剧，能

---

① Sadiya Akram, Guy Emerson and David Marsh, (Re) Conceptualising the Third Face of Power: Insights from Bourdieu and Foucault, *Journal of Political Power*, vol. 8, no. 3, 2015, p. 351.

源转型成为必然，人类社会能源史的研究大幅度增加，[1] 而争论的焦点集中在国家能源转型上。20世纪70年代石油危机导致社会科学家和历史学家重温能源文明方程式，80年代初开始市场提供了越来越多的出版物来讨论过去和现在的能源社会。对能源历史的研究能够帮助我们进一步理解能源转型的可能性、意义、方法和步骤措施。[2] 能源史研究发现，最重要的是控制权力、把握节奏，而中国选择全球能源权力战略的技术准备、产业准备、知识准备均已完成。

从第二次世界大战结束到20世纪70年代的能源危机，廉价易得的能源对经济增长的重要性超过了任何有关技术带来的热力学效率的提高。1973年第一次石油危机后，石油价格猛涨，这时能源效率的提高在经济增长中才开始变得越来越重要。能源、经济和技术变化之间的长期趋势向好，提高了人们对能源转换的长期性和复杂性的认识。然而，随着20世纪80年代油价的下跌，世界失去了继续大规模发展低碳能源的动力，直到应对气候变化危机再次让世界开启了低碳经济的路径。特别是中国成为低碳经济的先进国家甚至是领导国家，以此为契机，中国迎来了构建全球能源权力战略的窗口期。在全球能源权力战略的框架下，紧迫的重点任务是要把能源权力战略嵌入主要的对外政策之中，包括总体的战略判断、战略目标、战略机会、战略抓手，理清中国能源权力战略与百年未有之大变局、与"人类命运共同体""一带一路"倡议的关联，抓住稍纵即逝的机会。

冷战结束后，世界政治环境突变，世界政治权力发生结构性变动，这种环境变化也反映在权力的分配及其变化上，过去居于权力体系顶端的旧的以政治、意识形态、安全为中心的两极权力结构瓦解，美俄争夺的地缘线从美苏时期的朝鲜、越南、东欧意识形态重合地域，变化到中亚高加索乌克兰等能源重合地域。僵化的权力体制和旧有的结构性权力发生松动，旧的关系性权力出现真空，世界舞台上出现了冷战时期在传统两极格局下居于次要结构的生产、知识、金融、贸易、能源等权力结构发挥作用的运作空间。部分学者敏锐地捕捉到了这种权力的

---

① Möllers N., Zachmann K., *Past and Present Energy Societies：How Energy Connects Politics*, *Technologies and Cultures*, p. 24；Vaclav Smil, *Energy Transitions：History*, *Requirements*, *Prospects*, Santa Babara：Praeger, 2010.

② Möllers N., Zachmann K., *Past and Present Energy Societies：How Energy Connects Politics*, *Technologies and Cultures*, pp. 24，36.

变化,比如以苏珊·斯特兰奇为代表的国际政治经济学领域的部分学者,其在冷战末期出版的专著《国际政治经济学导论:国家与市场》中就明确提出:与冷战时期安全等顶级政治权力独大的局面相异,当代世界经济中存在安全、生产、金融、知识四大并列的一级权力结构,以及运输、贸易、能源、福利这四大并列的次级权力结构。[①] 当前,与苏珊最初的观察不同,变化最大的是能源权力,其贯穿、影响甚至左右着安全、生产、金融、知识、交通、贸易和福利,并日益上升为一种主要权力结构,而能否建立新的全球能源权力关系、形成新的结构,对于在世界政治经济中谋求权力和财富的斗争至关重要。

(二) 能源领域是 21 世纪国际争夺的焦点和战略制高点

能源领域是当前国际政治经济争夺的战略焦点,能源权力战略的战术价值可能超过目前的货币权力。中国创造了世界能源发展史上的奇迹,突破国际遏制令西方霸权措手不及。中国之后,在后发的发展中经济体如印度,在现行的技术经济结构和碳减排制度下,几乎没有可能实现中国这样的能源革命性的突破。如何处理能源关系亦将成为中国构建人类命运共同体最重要的方面之一。此外,虽然中国取得了巨大的成就,但其发展刚刚稳定在马尔萨斯陷阱上方,并立即就要面对低碳陷阱的挑战。以低碳经济为目标的能源领域的争夺将决定 21 世纪的大国兴衰、现代文明存亡,因此,能源领域是战略制高点,也是国际社会竞争的焦点,比如中美欧日之间已经就光伏等新能源技术和产品爆发过数轮贸易制裁和争夺。

中国的能源发展在奠定中华民族伟大复兴坚实物质基础的同时也带来了强大的张力,环境、气候、国际、政治、社会、文化、消费等方方面面均感受到了能源快速发展的巨大冲击。以气候变化为例,1997 年全球达成《京都议定书》时,中国由于能源消耗少排放少,不需要承担强制性减排义务,但近些年来能源使用的持续增长,中国已成为世界排放大国并主动迎接挑战,提前转向了低碳发展。在二十国集团(G20)领导人峰会上,外交部部长王毅呼吁,各方应不折不扣履行在《联合国气候变化框架公约》和《巴黎协定》中的承诺,强化 2020 年前行

---

① 苏珊·斯特兰奇:《国际政治经济学导论:国家与市场》,杨宇光译,北京:经济科学出版社 1990 年版,第 34—37 页。

动力度，实施国家自主贡献，推动全球绿色低碳转型。① 2018 年 12 月 15 日，《联合国气候变化框架公约》第 24 次缔约方会议在波兰卡托维兹闭幕，中国重申落实《巴黎协定》的坚定承诺，发出了推动应对气候变化国际合作积极信号。②

根据国际货币基金组织（IMF）估计，为将全球温升控制在 2 摄氏度以内，可能需要加征 100 美元/吨的碳税，能源争夺将白热化，洗牌在即，将出现能源权力的核心行为体和新行为体，出现旧格局洗牌和新格局产生的机遇窗口期。例如俄罗斯对能源权力的运用，巴西、印度、南非追求额外的能源权力，欧洲在能源权力上表现出非标性，中国在能源权力博弈中开始得分。能源将居于争夺的更加中心的位置。所有这些危机都导致人们对石油对人类生活方式的各个方面（从农业到医疗保健、运输到消费品）的重要性有了新的、广泛的认识。③

为抢夺制高点，有的国家采用了极端的政治经济手段。为掌控更多的传统优质油气资源，为低碳转型争取更大的空间，美国甚至不惜撕下民主自由的道德伪装。以委内瑞拉政变为例，中俄坚决捍卫联合国不干涉别国内政的原则，联手挫败美国和欧盟在联合国安理会提出的要求马杜罗总统下台的动议。美国干预委内瑞拉，主要是因为委内瑞拉巨大的石油储量是一次典型的披着民主外衣的能源权力争斗。美国前国家安全顾问博尔顿说："如果我们能让美国的石油公司在委内瑞拉投资并生产石油，这将在经济上对美国造成巨大的影响。"博尔顿还表示，美国之所以要马杜罗下台，因为这是对该国商业机会的"潜在的重要一步"。特朗普总统本人就有主张为了石油而使他国政权更迭的历史。2012 年，在北约干预利比亚一个月前，特朗普对福克斯电视台说："如果我们能获得石油，就对利比亚有兴趣。如果不能获得石油，那么就没有。"他在谈到伊拉克时也曾发表类似主张。尽管博尔顿等人明确承认了石油是首要利益，但美国和欧洲的媒体一直选择性地忽略这一点。平时敌视特朗普的媒体也都对石油避而不谈，而是采用了干预委内瑞拉是为了民主的说法。④

---

① 《王毅呼吁以承诺、行动和协作共同应对气候变化》，中华人民共和国中央人民政府，2018 年 12 月 1 日，http：//www. gov. cn/guowuyuan/2018－12/01/content_ 5344973. htm。

② 外交部：《中国为推动卡托维兹会议取得成功作出了关键贡献》，中国网，http：//news. china. com. cn/world/2018－12/17/content_ 74285714. htm。

③ Buell F.，"A Short History of Oil Cultures：Or, the Marriage of Catastrophe and Exuberance," *Journal of American Studies*, vol. 46, no. 2, 2012, p. 274.

④ 俄媒 28 日透露称，在上周美国对委内瑞拉进行干预后，美国国家安全顾问博尔顿承认：这是为了石油。具体参见环球网：http：//world. huanqiu. com/exclusive/2019－01/14187412. html。

（三）中国全球能源权力战略呼应百年未有之大变局

百年未有之大变局中的中国，其所处的国际社会中全球权力关系正发生深刻变化。福柯在《规训与惩罚》中详细考察了历史重大变局前后的权力战略变化，认为权力机制的变迁或战略性调整往往是重大历史变革背后的推动因素。以法国的旧制度与大革命为例，安妮·施沃恩和史蒂芬·夏皮罗注意到福柯曾暗示中产阶级甚至在大革命之前便开始对法国社会加以改变，私有财产的倾向早已经出现；因此，应避免将社会变迁仅归因于重大的日期与事件，并更多涉及一段由更细微、更难以分辨的事件所组成的历史，其原因在于，福柯感到这些纪念碑式的事件遗漏了历史变革的真正开端。至此，福柯的观点在于，历史变迁的发生应归结为"权力机制"的战略性调整，而并非仅仅来源于潜意识或近乎超自然的力量。① 当然，福柯并不把处于现代社会中的个体当作权力关系的对象，权力关系所作用的对象仍然是权力关系，是其他权力关系，个体作为自由身而身处错综复杂的权力关系中。显然，我们不能把福柯理解成传统意义上讨论个人与暴力机器之间关系的政治思想家。②

在一般方法论意义上，国家亦是个体的。现在我们可以观察到能源权力的显著变化。俄罗斯通过对能源权力的运用，从苏联解体之后的衰弱状态中强势回归；委内瑞拉运用能源杠杆获得了与其体量不相称的国际政治经济权力和资源。甚至有学者判断，新兴的能源国家，如俄罗斯、中国以及一些中亚地区国家，能否实现国家崛起，很大程度上取决于其能源权力的大小，及其对能源权力的应用水平。③ 新能源的发现、新式武器的获得、自然灾害、民族冲突的加剧等，都会推动权力发生转移。④ 当前中国正处于能源权力的全球性应用与扩张的机遇期，新的能源技术的发展，能源革命与经济社会能源转型，促使中国铸就了生逢其时的强大能源实力，通过适当的战略可望实现全球能源权力。

当前亦是能源权力的全球性争斗中的混乱期、缓和期，低碳能源的大方向已定，如何实现？如何以最优的路径实现？如何在实现的过程中取得国际政治经济

---

① 安妮·施沃恩、史蒂芬·夏皮罗：《导读福柯〈规训与惩罚〉》，第 68 页。
② 莫伟民：《莫伟民讲福柯》，第 33 页。
③ 孙霞：《权力与规范 东北亚能源安全合作》，北京：世界知识出版社 2010 年版，第 13 页。
④ 安德鲁·海伍德：《全球政治学》，第 206 页。

博弈的优势、更好地获得全球财富与权力？这些问题都亟待解答。当前也是中国能源能力的全球性检验和运用的实验期、能源权力的全球性构建与成型的黄金期、能源权力的新兴大国主导新秩序奠基期、能源权力的技术冲撞期之前最后的机遇期。就技术而言，2030 年可能迎来一个重要的冲撞节点。[1] 例如，相对于常规采油工艺提取需要消耗能量的 1％，焦油砂提取和升级需要大约 20％—50％ 的能量用于提取和制备过程，精炼消耗 10％—15％，还有运输、原油质量下降等因素。一项全球性的历史分析和趋势推断表明，2030 年前后世界石油生产的能源回报可能会小于提取、精炼和运输这些石油的能源需要，以化石燃料为基础的文明将难以为继，必须转向绿色低碳的发展道路。当前中国也是绿色债券市场的主要参与者，2019 年中国企业在绿色债券市场上发行了超过 300 亿美元的债券。《巴黎协议》后，能源必然转向更加清洁的能源，清洁能源引领的权力机会将进一步筑牢。此外，煤炭将加速退出，[2] 但由于中国对外能源依存度高的情况难以改变，必须进一步把握紧国际能源权力。《巴黎协议》的持续实施意味着煤炭将从全球能源平衡中迅速退出，并被非常规和可再生能源替代。一些研究表明，即使全面实施该协议，可能也无法将全球变暖控制在 2 摄氏度以内，大变局之后的低碳发展道路仍然任重道远。能源领域的发展和成功至关重要，国家对全球能源权力的把握影响到未来的国际政治格局，中国实施全球能源战略，将是对百年未有之大变局的积极呼应。

（四）中国全球能源权力战略促进人类命运共同体建设

人类命运共同体建设面临诸多困难。据联合国统计，全球处于饥饿线的人口有 8 亿，而目前所有跨越马尔萨斯陷阱摆脱饥荒命运的经济体，基本的社会保障无一例外地都主要依靠现代化石能源。我们没有足够的传统化石能源来供养全球 75 亿人的现代化生活，在不远的将来我们甚至没有足够的传统化石能源来维系几个发达国家的现代文明，不发起全球能源革命和转向，人类共同的命运可能就是灭亡。然而新的低碳路径尚未完全探明，即使路径可行，但如果能源公平得不

---

[1]　Maximilian Mayer, Mariana Carpes, Ruth Knoblich, eds., *The Global Politics of Science and Technology-Vol.* 2: *Perspectives, Cases and Methods*, p. 93.

[2]　Klimenko, V. V., Mikushina, O. V. and Tereshin, A. G., "The 2015 Paris Climate Conference: A Turning Point in the World's Energy History," *Doklady Physics*, vol. 61, 2016, p. 301, https: //doi. org/10. 1134/ S1028335816060070.

到解决，那么人类命运共同体亦将难以长期持续，而中国成功实施全球能源权力战略将是全球可持续发展和人类命运共同体建设的重要契机。

能够得到基本的现代能源服务是体面的高质量的现代社会所必需的，因此基本的能源消费权力显然是人类命运共同体建设必不可少的基础。全球超过10亿人仍然缺乏电力和其他现代烹饪的燃料，对健康、经济产出、性别不平等都产生了重要影响。全球能源权力战略能够帮助中国通过和平崛起突破权力边界，[①] 传输低碳能源和技术，促进人类命运共同体的建设。

中国改革开放、全面脱贫，是人类命运共同体建设的一个先行实践，是吸引"一带一路"国家的亮点。能否在更大的范围内破解农业发展问题？中国目前已经规划了庞大的蓝图试图破解这个难题，如构建能源互联网、欧亚能源中心、低碳命运共同体。如何在农业生产领域以及农资生产领域调适能源运用，如何激发民众参与改革发展，非常关键。农业的一次能源使用量较小，在联合组织成员国中，大约占一次能源总量的1.2%，非经合组织国家为3.5%，全球平均比例为2.7%，加上工业一次能源中用于生产农业和化肥的部分，全球农业使用一次能源的份额增加到3.8%。[②] 农业能源解决以后，如何增加其他方面的福利，也取决于现代能源的运用。

人类共同社会需要现代能源支撑，而现代高能社会极具能源脆弱性。[③] 即使是最发达的资本主义国家美国，其多次大范围断电不是技术故障而是社会建设问题，突如其来的黑暗照亮了高能社会的政治、技术和文化脆弱性。人类命运共同体建设需要创新的权力技术，包括一般的及某些特殊领域如能源领域特殊的权力技术。[④] 基于主体和他们的偏好是被构造的，理解这个构造是参照社会上流行的"权力技巧"的集合，中国全球能源权力战略的成功实施必然会形成国际社会中人类关于能源环境气候领域的基本规制或规训，在能源领域中率先突破美国霸权治下的西方主体化方法，而实现能源领域全人类共同命运是中国全球能源战略追

---

① Sadiya Akram, Guy Emerson & David Marsh (2015), (Re) Conceptualising the Third Face of Power: Insights from Bourdieu and Foucault, p. 355.

② L. D. Danny Hadvey：《能源与新的现实1——能源效率和能源需求服务》，索晨霞译，北京：中国石化出版社2016年版，第38页。

③ David E. Nye: *When the Lights Went Out. A History of Blackouts in America*，转引自 Möllers N, Zachmann K., *Past and Present Energy Societies: How Energy Connects Politics, Technologies and Cultures*, p. 7.

④ David E. Nye: *When the Lights Went Out. A History of Blackouts in America*，转引自 Möllers N, Zachmann K., *Past and Present Energy Societies: How Energy Connects Politics, Technologies and Cultures*, p. 355.

求的目标之一。中国的低碳发展模式，全人类能够模仿和效仿，按中国模式人类整体能够在一个地球的限制下实现现代化；而美国的高耗能发展模式，如果全人类都效仿，可能我们要七个地球才够用，因此是不可能效仿，不可能推广的，也必将被历史所抛弃。中国若能成功实施全球能源权力战略，必将有力促进人类命运共同体的建设；而构建人类命运共同体的宏图大志，也将促进中国加快实施全球能源权力战略。

Abstracts

World Politics Studies, Vol. 3, No. 3, 2020

Why the Secessionist Movements in Africa Can Succeed?
—A Comparative Analysis of Eritrea and South Sudan

Yan Jian

[**Abstract**] Centered on Eritrea and South Sudan, this paper examines why some secessionist movements in post-colonial Africa can really make it. Different from the established studies on the topic, which tend to concentrate on the "combinations of favorable factors" specific secessionist movements might enjoy, this paper makes the factors that may hinder the success of secessionist movements in post-colonial Africa its entry point. Specifically, these hindering factors fall into three categories, namely, organizing difficulty, military struggle and international isolation. Secessionist movements in post-colonial Africa will have to overcome these three hindering factors if they want to make their causes a success. Both Eritrea and South Sudan are good examples in overcoming the aforementioned three hindering factors, which have dwarfed other secessionist movements in the African continent.

[**Keywords**] EPLF; SPLM; Hindering Factors; Organization; Military Struggle;

International Isolation

[**Author**] Yan Jian, Research Fellow, Deputy Editor-in-Chief, *Comparative Study of Economic & Social System* (in Chinese)

Operational Code Analysis and Leadership Trait Analysis in the Psychological Analysis of Political Leaders

Li Quan

[**Abstract**] The increasingly complex and changing international environment has posed new challenges to study choices in foreign policy by various countries. The rise of neoclassical realism has put a great emphasis on the intervening influence of domestic factors on international politics, among which the influence of leaders' traits on foreign policy decision-making is an integral part of the analysis paradigm. In this paper, we introduce two major methods used in psychological assessment of political leaders: operational code analysis and leadership trait analysis, explaining their theoretical assumptions, coding scheme and interpretation. Using these two methods, we analyzed President Trump and found that his level of self-confidence, risk acceptance, distrust of others, and the need for power and influence is significantly higher than that of previous US leaders and world leaders. He is very flexible in his choice of tactics, favoring deadlock or conflict to take the upper hand. Although he claims "American First", in practice, he is not ideological and willing to compromise.

[**Keywords**] Operational Code Analysis; Leadership Trait Analysis; Foreign Policy Analysis; Political Psychology

[**Author**] Li Quan, Professor, School of Political Science and Public Administration, Wuhan University.

The Practical Difficulties and Future Prospects of Strategic Coordination under the US-Europe Transatlantic Alliance

Chen Xinming   Li Yuanzheng

[**Abstract**]   Since Trump took office, America's China policy has shown new features, especially in that Sino-US strategic rivalry has intensified with expanding conflicts between the two major powers. Although Europe remains the priority for the Transatlantic Alliance in terms of security polices, China's growing influence in global security sector, especially its military cooperation with Russia, has become an unavoidable theme for the Transatlantic Alliance of discussion. The Strategic Coordination between U. S. and Europe has strategic significance, and it constitutes an important leverage for Western countries to exert influence over the on-going transformation of world order. Yet under Trump Administration's "America first" doctrine, the preconditions of this coordination have been undermined, which also resulted in major disputes and difficulties in coordination between the U. S. and Europe. In the future, the US-Europe coordination under the Transatlantic Alliance will increase, but how far this coordination will go depends on whether the Transatlantic Alliance will successfully develop a relationship of orderly competition and cooperation with China.

[**Keywords**] China; the U. S. ; European Countries; NATO; Strategic Coordination

[**Authors**] Chen Xinming, Professor, School of International Studies, Renmin University of China; Li Yuanzheng, Ph. D, Renmin University of China, Editor, People's Publishing House.

Currency Power and the US-Europe Competition

Liu Mingli

[**Abstract**] Nations with advantage in currency issues can gain the power to dominate the international monetary system, interfere in other countries' economic security, influence other countries' foreign and security policies, and threaten the international monetary system. These powers are extremely attractive, which are not only the embodiment of national strength, but also the tools to realize national interests. As a result, they become the object of competition among big countries and powerful countries (groups of countries), and competition behaviors will occur among them. This paper calls it "competition for currency power". Looking back at modern history, the competitions were mainly carried out between the US and Europe, reflected in the establishment and disintegration of the Bretton Woods system, the birth of the Euro and its impact on the US Dollar, the transfer of risks to Europe after the US financial crisis and other major events. This paper argues that the nature of the competition between the US and Europe can be described as "cooperative competition" rather than "destructive competition" like a zero-sum game. Going forward, competition between US and Europe will continue to be fierce in global markets, with both trying to make their currencies more attractive. But at the level of government-to-government relations, competition in the "low-politics" arena of market competition is not yet evolving into diplomatic rivalry in the "high-politics" arena. Of course, the risks cannot be completely ruled out. The potential conflicts may be Europe's potential to go too far in promoting the Euro in the Middle East, as well as its long-term stance on supporting the internationalization of the RMB.

[**Keywords**] Dollar; Euro; Currency Politics; Competition for Currency Power; US-Europe Relations

[**Author**] Liu Mingli, Research Fellow and Deputy Director, Institute of European Studies, China Institutes of Contemporary International Relations.

China's Global Energy Strategy: From Energy Strength, Energy Capability to Energy Power

Li Wei

[**Abstract**] This paper attempts to construct a concept of the global energy power strategy and improve the understanding through historical analysis. With the change of energy strength and international status, China's global energy strategy has gone through different stages and goals from focusing on internal affairs to both internal and external, from focusing on interests to focusing on security to focusing on pattern, from obeying the old power system structure to building its own structures. At present, it is necessary for China's global energy strategy to evolve from strengthening "energy strength" to controlling, guiding, and controlling "energy power" by strengthening "energy capacity", so as to better ensure the stage of national security and interests. The grasp of strategy implementation mainly lies in the comprehensive application of the construction of international energy political and economic relations, and the main areas of strategy implementation expand to the countries and regions adjacent to global energy relations. The main fields of the implementation of the strategy extend to the aspects that can affect or be related to energy in the whole political economy, power and technology. Such strategic transformation reflects the double opportunity strategic window period brought by the deep-seated pattern change of global power politics and the change of international energy power relations, which is worthy of attention from the strategic level of domestic academic circles, political circles, and business circles.

[**Keywords**] Energy Strategy; Energy Strength; Energy Capacity; Energy Power

[**Author**] Li Wei, Associate Professor, School of International Studies, Renmin University of China.